JORDAN ERFOLG DURCH MENSCHLICHKEIT

PATRICK W. JORDAN

Erfolg durch Menschlichkeit

DIE GOLDENE REGEL FÜR BERUF UND PRIVATLEBEN

Aus dem Englischen übersetzt
von Susi Piroué

ARISTON

Bibliografische Information der Deutschen Bibliothek:
Die Deutsche Bibliothek verzeichnet diese Publikation
in der Deutschen Nationalbibliografie;
detaillierte bibliografische Daten sind im Internet über
http://dnb.ddb.de abrufbar.

Umschlaggestaltung: Die Werkstatt München / Weiss · Zembsch
Redaktion: Esther Szolnoki, München
Produktion: Ortrud Müller
Satz: Nikolaus Hodina, München
Druck: Druckerei Huber, Garching-Hochbrück
Printed in Germany 2004

ISBN 3-7205-2506-6

Inhalt

Einleitung

Seit jeher hat der Mensch nach Sinn und Erfüllung seines Lebens gesucht. Sicherlich hatten die Völker unterschiedliche Anschauungen und die einzelnen Kulturen gestalteten ihr Leben unterschiedlich, doch im Grunde galt unsere Suche immer den gleichen Werten: materiellem Wohlstand, Liebe und Freundschaft, Sicherheit und Selbstverwirklichung – danach haben alle Völker aller Zeiten immer wieder gestrebt. Im gleichen Sinne haben alle höheren Zivilisationen auch immer Moral zu definieren versucht. Wie man mit Anstand leben soll, wie man das Richtige tut. Wie man eine bessere Welt für uns, unsere Freunde, unsere Geliebten und unsere Gesellschaft als Ganzes schaffen kann.

Philosophen und religiöse Führer haben sich über Jahrhunderte hinweg mit diesen Dingen beschäftigt. Wir haben ein wundervolles Erbe mit auf den Weg bekommen. Religionen und Philosophien hielten sich durch die Zeiten hindurch und sind heute ebenso gültig wie einst. Die Tradition lebt weiter. Wenn Sie heute in eine Buchhandlung gehen, finden Sie viele ausgezeichnete Bücher zum Thema Selbsthilfe. Sie sind sich inhaltlich ähnlich – wie man Geld macht, wie man eine erfolgreiche Karriere aufbaut, wie man in seinen persönlichen Beziehungen glücklich wird, wie man fröhliche, zuversichtliche Kinder großzieht, wie man das Beste aus sich macht und wie man zu innerer Ruhe und Frieden gelangt.

Sicherlich unterscheiden sich diese Bücher in einigen Details und Methoden, aber ihrem innersten Kern und dem Kern aller großen Religionen und philosophischen Lehren liegt eine einzige Regel zugrunde. Die Geschichte hat bewiesen, dass wir gut und anständig leben können, dass wir Erfolg und Erfüllung auf allen Gebieten unseres Lebens finden können, wenn wir diese Regel lernen und uns nach ihr richten. Die Regel – die Goldene Regel – lautet ganz einfach: »Behandle andere so, wie du von ihnen behandelt werden willst.«

Wahrscheinlich kennen wir alle diese Regel. Wenn wir auch nur ein wenig religiös erzogen worden sind, haben wir diese Regel ausdrücklich gelernt. Doch auch wenn das nicht der Fall war, haben wir indirekt davon erfahren. Sie ist die Grundlage für jegliches Verständnis von Anstand und Fairness, vom Kind im Sandkasten bis zum Gelehrten im Elfenbeinturm.

Auf den ersten Blick mag die Goldene Regel recht simpel erscheinen. Sie ist in mancherlei Hinsicht auch einfach. Wir haben meist eine ziemlich genaue Vorstellung davon, wie wir in irgendeiner Situation behandelt werden möchten, und wissen, wie wir mit jemand anderem umzugehen haben. Und doch, gerade weil diese Regel so einfach ist, bedeutet das nicht unbedingt, dass man so einfach nach ihr leben kann. Es gibt nun einmal Situationen, in denen wir unsere Interessen gerne voranstellen möchten, auch wenn wir wissen, dass wir damit anderen schaden. Vielleicht meinen wir, dass jeder sich selbst der Nächste sein muss, wenn er weiterkommen will. Auch wenn wir den festen Willen haben, die Goldene Regel als moralischen Leitfaden einzuhalten, kommt es uns dennoch in den Sinn, sie unserem Erfolg zuliebe ab und an zu brechen.

Diese Art des Denkens ist falsch. Die Goldene Regel ist kein Hindernis für unseren Erfolg, sie ist der Schlüssel dazu. In diesem Buch erfahren Sie, auf welche Weise die Anwendung der Goldenen Regel in allen Bereichen des Lebens Erfolg bringt. Wenn man die Goldene Regel zur Grundlage seines Handelns macht, wächst die Chance für ein Leben in Wohlstand und Zufriedenheit, erfüllt von Liebe, Freundschaft und Frieden. Wenn wir uns nach der Goldenen Regel richten, durchdringen positive Kräfte unser Leben, die uns von allen negativen Energien befreien. Wenn wir nach der Goldenen Regel leben, behandeln wir unsere Umgebung mit Liebe und Respekt und lernen bedingungslose Vergebung. Wir kreieren damit positives Karma, wenn Sie es so nennen möchten, das in allen Bereichen unseres Lebens wie ein Magnet wirkt, der nur positive

Aspekte anzieht. Dieses Karma gibt uns auch die Kraft, uns ganz auf Erfolg und Erfüllung zu konzentrieren.

In diesem Buch werden Ihnen zehn Gesetze zur Einhaltung der Goldenen Regel vorgestellt. Diese Gesetze veranschaulichen gleichzeitig, wie man nach der Goldenen Regel lebt. Die Gesetze machen Sie auch mit den Eigenschaften bekannt, die Sie in sich wecken müssen, um die Goldene Regel überhaupt befolgen zu können. Und die zehn Gesetze weisen Ihnen den Weg, wie man den Grundsatz der Goldenen Regel in den unterschiedlichsten Lebenslagen anwenden kann.

Zu jedem der zehn Gesetze gibt es eindrucksvolle Geschichten und historische Beispiele, wie man durch Anwendung der Regel zu Wohlstand und Erfüllung gelangt. Diese Geschichten werden Ihnen die Motivation geben, die ersten, meist ungewohnten Schritte, auf diesem Weg zu gehen. Denn es lohnt sich für Sie, ein Leben nach den Gesetzen der Goldenen Regel zu führen, es wird Ihnen Erfolg im Beruf und im Privatleben bringen, Selbstbestätigung und inneren Frieden.

Von Generation zu Generation wurde das Wissen um die Goldene Regel wie ein kostbarer Schatz weitergereicht und wird auch Ihnen zu einem erfüllten Leben verhelfen – mit reichem Lohn.

Erfolg definieren

Wir neigen dazu, Erfolg eher nach der Höhe unserer Gehälter oder nach der Größe unserer Autos zu bestimmen als nach dem Grad unserer Hilfsbereitschaft und dem Maß unserer Menschlichkeit.

MARTIN LUTHER KING

Bevor wir uns näher mit den zehn Gesetzen der Goldenen Regel beschäftigen, sollten wir zunächst einen Blick auf eine zentrale Frage werfen. Was ist eigentlich Erfolg? Was verbinden wir, was verbinden Sie mit diesem Begriff?

Viele von uns denken beim Wort »Erfolg« zuerst einmal an finanziellen Wohlstand oder eine steile Karriere. Ohne Zweifel wünschen sich die meisten von uns eine gesicherte oder sogar gut gepolsterte finanzielle Situation und Befriedigung im jeweiligen Beruf. Die Goldene Regel ist für diese Art von Erfolg absolut unerlässlich, und dieses Buch befasst sich in weiten Teilen mit diesem Thema. Aber Erfolg kann auch noch mehr bedeuten – das merken wir spätestens dann, wenn wir das Gefühl haben, dass uns trotz hohem Gehaltsscheck und steiler Karriere noch etwas fehlt.

Wichtige Eigenschaften

Ganz ohne Zweifel ist es wichtig, im Beruf das Beste aus sich zu machen und materiellen Wohlstand zu erreichen. Jedoch sollte man Erfolg nicht nur daran messen. Wahrer Erfolg beruht nicht nur auf Zufriedenheit in der Arbeit, sondern in allen Bereichen unseres Lebens. Es ist genauso wichtig, sich ein glückliches und sinnvolles

Privatleben aufzubauen, Freundschaften und Beziehungen zu entwickeln, unsere Kinder zu Liebe und Achtung vor unseren Eltern zu erziehen. Auch nach diesen Gesichtspunkten kann man Erfolg im Allgemeinen beurteilen.

Wahrer Erfolg bedeutet auch, sich selbst zu verstehen, sich anzunehmen und in sich zu wachsen. Erfolgreich zu sein bedeutet aber auch, seinen Charakter zu entwickeln und inneren Frieden zu erlangen, der sich nur einstellen kann, wenn wir wissen, dass wir richtig gehandelt haben. Vielleicht könnten wir eine Million Dollar mit etwas verdienen, was wir selbst für falsch halten, zum Beispiel durch den Handel mit Drogen oder durch unredliche Geschäfte. Wir mögen dadurch zu finanziellem Erfolg gelangen, doch wären wir dadurch letztlich geschwächt und würden uns mehr Sorgen als Glück einhandeln. Sittenwidrige Methoden mögen uns großen materiellen Reichtum einbringen und wir gewinnen vielleicht ein paar Anhänger und Schönwetterfreunde, doch ein solches Leben bringt nicht die Art von Befriedigung und Lohn, die man unter wahrem Erfolg versteht. Beruflicher und finanzieller Erfolg ergeben erst zusammen mit den im folgenden Abschnitt vorgestellten vier Eigenschaften *wahren* Erfolg, bei dem Sie sich rundherum glücklich fühlen.

Selbstachtung zeigen

Selbstachtung hat nichts mit Egoismus zu tun, sondern mit der Art, wie wir uns selbst annehmen und wertschätzen, uns aber auch Dinge verzeihen, die wir früher einmal falsch gemacht haben. Von nun an versuchen wir, es in Zukunft richtig zu machen. Dies fällt leichter in dem Bewusstsein, dass wir ab und zu einmal versagen und immer wieder neu anfangen können. Wir begreifen, dass wir nicht auf allen Gebieten Versager sind, sondern dass wir gerade nur in einer bestimmten Angelegenheit einen Fehler gemacht haben. Wenn wir positiv und ermutigend, liebevoll und zugewandt mit uns selbst umgehen, dann haben wir Selbstachtung erlangt. Wir werden sehen, wie die Einhaltung der Goldenen Regel uns bei der Entwicklung von Selbstliebe und Selbstachtung helfen kann, so dass wir von tiefer, anhaltender Freude erfüllt werden. Selbstachtung bedeutet aber auch, sich ein ehrliches Leben aufbauen zu wollen und an der Einhaltung dieser Verpflichtung zu arbeiten.

Moralische Stärke entwickeln

Ein Kennzeichen von wahrem Erfolg ist unser Einsatz für Anstand und Moral, auch wenn wir auf Gegner stoßen. Es gibt einen alten, weisen Spruch, der besagt, dass das Böse am ehesten zum Sieg gelangt, wenn gute Menschen dies nicht verhindern. Wir zeigen moralische Stärke, indem wir unseren Prinzipien treu bleiben und die Goldene Regel befolgen, selbst wenn es unter gewissen Umständen leichter wäre, das nicht zu tun. Moralische Stärke bedeutet auch, Verantwortungsbewusstsein über unsere eigenen Rechte zu stellen. Das heißt zu fragen, was wir für andere tun können, bevor wir fragen, was sie für uns tun sollten. Aber sie äußert sich auch darin, denen zu verzeihen, die uns etwas zuleide getan haben, selbst wenn es sich um unsere Kontrahenten handelt oder Menschen, die wir nicht mögen. Wenn wir nicht verzeihen können, kommen wir niemals von negativen Gedanken los und werden von ihnen beherrscht. Unsere Gedanken und Gefühle bleiben an früheren Verletzungen hängen, statt die Gegenwart zu schätzen und eine bessere Zukunft aufzubauen.

Anderen helfen

Wenn wir wirklich erfolgreich sind, werden wir anderen helfen und sie fördern wollen. Um sie zu fördern, müssen wir sie dazu bringen, sich selbst anzunehmen, und ihnen zu verstehen geben, wie hoch wir sie schätzen. Wenn wir anderen helfen, entwickeln wir unseren Charakter bewusst weiter und steigern unsere Erfolgserlebnisse. Der wirklich Erfolgreiche hilft nicht nur denen, die er liebt und von denen er einen Lohn für seine Gunst erwartet. Er ist auch großmütig gegenüber denen, die er nicht mag oder die seine Güte mit Sicherheit nicht erwidern können. Wenn wir das Leben eher unter dem Aspekt des Gebens und Nehmens betrachten, dann eröffnet sich uns ein ganzes Universum an Gelegenheiten und wir empfinden eine tiefe, echte Freude in dem Bewusstsein, dass wir das Leben anderer positiv beeinflusst haben. Wenn wir die Goldene Regel einhalten, dienen wir unserem Nächsten. Sie werden viele Beispiele dafür finden, wie man Menschen helfen kann, indem man nach der Goldenen Regel lebt, und wie man dadurch reichlich belohnt wird.

Unser Potenzial ausschöpfen

Wir alle haben unterschiedliche Fähigkeiten und Talente. Wenn wir wirklich erfolgreich sein möchten, müssen wir unser Potenzial voll ausschöpfen. Wir müssen anstreben, in allen Bereichen des Leben, im Beruflichen wie im Privatleben, in den Freundschaften bis hin zu unserer Verantwortung als Mitglied der Gesellschaft so stark zu sein wie nur möglich. Um unser Potenzial aber ausschöpfen zu können, müssen wir selbstbewusst sein. Wir müssen mit offenem Blick in uns hineinschauen, um unsere Stärken zu erkennen und zu begreifen, wie wir sie am besten einsetzen können. Wir sollen zwar nicht egoistisch sein, doch ist es ebenso falsch, wenn wir unsere Fähigkeiten ungenutzt lassen.

Wahrer Erfolg

Der wirklich Erfolgreiche weiß, dass es in seiner Verantwortung liegt, seine Fähigkeiten zu nutzen, um bei all seinen Unternehmungen den besten Beitrag zu leisten. Wenn wir die Gesetze der Goldenen Regel anwenden, spüren wir die Herausforderung, das Beste aus uns zu machen. Wir gelangen zum Erfolg, weil wir dazu bestimmt sind, jedoch immer im Geiste der Aufrichtigkeit und Bescheidenheit.

Wahrer Erfolg bedeutet nicht, besser zu sein als andere, sondern das Beste zu leisten. Das heißt, den höchsten Stand potenziellen Erfolges in unserem eigenen Leben zu erreichen. Jeder von uns hat unterschiedliche Begabungen und Talente, und wir sind selbst dafür verantwortlich, mit Hilfe dieser Gaben Wohlstand, Erfüllung und Befriedigung in unser Leben zu bringen. Einige unter uns werden mehr Geld verdienen als andere, einige werden mehr Macht besitzen als andere und einige werden größeren Einfluss auf die Welt um uns herum ausüben als andere. Unser Ziel sollte nicht sein, mehr als unsere Freunde, Nachbarn und Kollegen zu erreichen, sondern wir sollten wissen, dass wir das Bestmögliche getan haben. Ganz gleich, wie unsere Talente oder Grenzen beschaffen sind, wir alle können erfolgreich sein und uns in unserem Leben und in unserer Umgebung positiv von anderen unterscheiden. Wir alle tragen die Verantwortung dafür, unsere Talente klug einzusetzen und das Beste aus uns zu machen.

Die folgende Geschichte ist Ihnen vermutlich schon begegnet – sie wird in vielen verschiedenen Versionen seit langer Zeit überliefert; so hat z.B. Loren Eiseley sie mit einem kleinen Jungen in *The Star-Thrower* aufgegriffen. Alle Versionen der Geschichte zeigen, wie wir etwas Gutes tun können, das sich positiv von unserem Umfeld abhebt, ganz gleich, wie gering es erscheinen mag.

Das Mädchen mit den Seesternen

Ein Mann ging an einem stürmischen Tag am Strand entlang. Nach einer Weile begegnete er einem kleinen Mädchen, das am Wasser stand.

»Was machst du da?«, fragte der Mann.

»Ich rette Seesterne«, sagte das Mädchen. »Wenn das Meer unruhig ist, dann stranden sie. Sie brauchen jemanden, der sie ins Wasser zurückwirft, sonst sterben sie.«

Der Mann lächelte. »Nett von dir, dass du das machst«, sagte er. »Aber in diesem Meer gibt es Tausende von Seesternen. Ob du jetzt einen oder zwei zurückwirfst, macht doch keinen Unterschied.«

Die Kleine griff nach einem Seestern, der vor ihren Füßen ans Ufer gespült worden war. Sie hob ihn auf und warf ihn, so weit sie konnte, ins Meer zurück.

Sie sah den Mann an, lächelte und sagte. »Für den einen macht es schon einen Unterschied.«

In diesem Buch finden Sie eine Reihe Geschichten von Menschen, die durch ihr Leben zu Erfolg gelangt sind, weil sie ihr Potenzial voll ausgeschöpft haben. Die Beispiele handeln auch von Menschen, die große Macht und Reichtum erlangt haben, aber auch von anderen, die gigantische Hindernisse überwunden haben, nur um etwas zu erreichen, was viele für selbstverständlich halten. Das Leben von einigen hat die Existenz Tausender von Menschen beeinflusst oder vielleicht nur von einem oder zweien. Wer wir auch sind – wenn wir die Goldene Regel befolgen, öffnet sich eine Tür und wir können uns voll entfalten.

Die Rolle der Beziehungen für den Erfolg

Ein Thema, das in diesem Buch immer wieder auftauchen wird, ist die Rolle, die Beziehungen für den Erfolg spielen. In Bezug auf unser Privatleben erscheint das ziemlich offensichtlich. Tiefe Freundschaften, schöne Stunden mit geliebten Menschen, gute Beziehungen zu unseren Kindern und Eltern – durch all dies erfahren wir Glück und Erfüllung im Privatleben.

Gute Beziehungen können jedoch ebenso wichtig für unseren beruflichen und finanziellen Erfolg sowie unsere Zufriedenheit bei der Arbeit sein. In diesem Buch werden Sie an Beispielen erfahren, wie wichtig es ist, mit Mitarbeitern gut auszukommen und Untergebene gut zu behandeln. Diese Beziehungen richtig zu gestalten ist entscheidend für unser Glück bei der Arbeit, unsere Beförderungschancen und die Atmosphäre am Arbeitsplatz. Das bedeutet nicht, dass wir uns vor unserem Chef klein machen sollen oder dass wir eine spezielle Behandlung erwarten können, nur weil wir die richtigen Leute kennen. Es heißt vielmehr, dass wir effektiver handeln, ob als Angestellter, Chef oder Mitarbeiter, denn wir verhelfen uns und anderen zu Höchstleistungen.

Eine weitere für den Erfolg unseres Berufslebens außerordentlich wichtige Beziehung ist die zu unseren Kunden – den Leuten, die von uns Dienstleistungen erhalten. Fast jeder von uns hat Kunden in der einen oder anderen Weise. Zum Beispiel sind Menschen, die

Produkte und Dienstleistungen erwerben oder brauchen, Kunden für diejenigen unter uns, die Produkte und Dienstleistungen erzeugen oder verkaufen. Für andere unter uns sind Mitarbeiter Kunden. Vielleicht versorgen wir sie mit Informationen, die sie für wichtige Entscheidungen brauchen, oder mit Waren und Vorrichtungen, durch die sie ihre Arbeit effektiv gestalten können. Für Lehrer oder Dozenten sind die Studenten Kunden, für den Arzt oder die Krankenschwester sind es die Patienten. Für die Hausfrauen sind die Partner, Kinder und jeder, der mit ihnen lebt, Kunden. Sogar wenn wir arbeitslos sind, haben wir Kunden, denen wir uns verkaufen müssen – unsere potenziellen Arbeitgeber.

Gute Beziehungen zu Kunden sind absolut wichtig für unseren geschäftlichen Erfolg. An ihnen wird vielleicht sogar unsere berufliche Effektivität gemessen. Wenn wir unsere Kunden gut bedienen wollen, brauchen wir die Goldene Regel. Wir müssen den Kunden über alles stellen und seine Bedürfnisse verstehen. Wir müssen uns an seine Stelle versetzen, begreifen, was er wirklich will, und uns aufs Äußerste bemühen, seinen Wunsch zu erfüllen. Einen Kunden zufrieden zu stellen heißt, die richtige Beziehung zu ihm zu entwickeln.

Keiner von uns kann erwarten, ohne die Hilfe von anderen zu Erfolg zu gelangen. Einige von uns werden meinen, sie könnten das oder sie seien schon so weit. Aber stimmt das wirklich? Was ist mit unseren Eltern, unseren Lehrern, Mentoren, Mitarbeitern, spirituellen Meistern? Es gibt so viele Menschen in unserem Leben, von denen wir etwas gelernt haben. Unter Akademikern sagt man, dass wir auf den Schultern von Giganten stehen. Das bedeutet, dass jeder, der eine außerordentliche Leistung erbringt, eine wichtige wissenschaftliche Entdeckung oder eine hilfreiche gesellschaftliche Theorie, nur durch den Beitrag seiner Vorgänger dazu fähig war. Keiner beginnt beim Nullpunkt, sondern baut auf einem ganzen Berg von Arbeit und Informationen auf, der die Grundlage für seinen eigenen Beitrag bildet.

Die meisten von uns werden keine herausragenden wissenschaftlichen Erkenntnisse erzielen oder akademische Theorien aufstellen. Und doch tragen andere in bedeutendem Maße zu unserem Erfolg bei. Zum Beispiel können wir keine Waren verkaufen, wenn andere sie nicht von uns kaufen wollen; wenn wir befördert werden, hat jemand beschlossen, uns zu befördern. Wir können natürlich auch keine Freundschaften, Liebesbeziehungen oder Familien ganz allein haben! Die Art unserer Beziehungen ist wohl der wichtigste Faktor für die Größe unseres möglichen Erfolges. Wenn wir die Gesetze der Goldenen Regel einhalten, dann bauen wir bedeutende Beziehungen auf. Wenn wir den Bedürfnissen anderer in unseren Gedanken und Taten Priorität einräumen, werden wir reich belohnt und können ein glückliches, erfülltes Leben führen.

Die Gesetze der Goldenen Regel

Nach der Vorgabe der Goldenen Regel sollen wir andere so behandeln, wie wir von ihnen behandelt werden wollen. Doch was bedeutet das für die Art, wie wir leben? Die Gesetze der Goldenen Regel sind zehn praktische Grundsätze, durch die wir besser, erfolgreicher und erfüllter leben können. Wenn wir uns nach diesen Gesetzen richten, bringen wir Liebe, Freude und Hoffnung sowohl in unser Leben als auch in das Leben unserer Mitmenschen. Mit den zehn Gesetzen übergebe ich Ihnen die Schlüssel zum Erfolg. Wenn wir nach ihnen leben, dann erreichen wir unser Optimum, gehen von Erfolg zu Erfolg, denn wir führen ein befriedigendes Berufs- und Privatleben.

Gesetz 1
Begegnen Sie anderen mit Wärme

Ich folge keinen starren Regeln – ich lasse mich von meinem Herzen führen, nicht von meinem Verstand.

PRINZESSIN DIANA VON WALES

Wenn wir uns warmherzig verhalten, drücken wir Liebe und Achtung zu unseren Mitmenschen aus und wir beachten ihre Bedürfnisse und Gefühle. Wärme im Umgang mit unseren Mitmenschen ist unser Beitrag zu ihrem Wohlbefinden. Mit unseren Worten und Taten bestätigen und schätzen wir die Menschen und teilen ihnen mit, dass sie uns etwas bedeuten.

Jeder von uns möchte geliebt werden. Es gibt viele Arten von Liebe, von der romantischen Liebe über die Freundschaft bis hin zu der Zuneigung, die wir vielleicht für Mitarbeiter und Menschen empfinden, denen wir regelmäßig begegnen. Wir sollten versuchen, eine liebevolle und verständnisvolle Haltung gegenüber allen Menschen einzunehmen, auch gegenüber denjenigen, die uns fremd erscheinen oder die wir nicht besonders mögen. Wenn wir liebevoll und warmherzig auf die Menschen zugehen, entsteht eine verständnisvollere und friedvollere Gesellschaft, in der jeder von uns aufgrund seiner Menschlichkeit und nicht wegen seines Erfolgs und seiner Leistung anerkannt wird.

Einer Person neben uns im Bus oder im Flugzeug etwas Lustiges erzählen, jemanden für eine von uns bewunderte Arbeit loben, für einen Plausch mit unserem älteren Nachbarn stehen bleiben, dem Mann, der Obdachlosenzeitungen verkauft, einen guten Morgen wünschen – all das bestätigt Menschen. Wenn wir Menschen mit Wärme begegnen, erkennen wir ihren Wert an, ohne auf ihre finanzielle oder persönliche Lage zu achten. Für unsere Nächsten bedeutet unsere warmherzige Art, dass wir in guten und schlechten Zeiten für sie da sind, dass wir an ihren Erfolgen teilnehmen und ihnen zeigen, wie wir sie schätzen. Ein passendes Geschenk oder ein liebes Wort kann für einen Freund oder einen geliebten Menschen sehr viel bedeuten und die Beziehung zu ihm festigen. Wir verbessern unsere Beziehungen, wenn wir anderen zeigen, wie sehr wir sie mögen.

Nur mit Herzenswärme kann man eine tiefe Beziehung aufbauen. Kleine Gesten, wie ein Kompliment für unsere Partnerin oder ein Blumenstrauß, geben ihr das Gefühl, geliebt zu werden. Wahrscheinlich wird sie positive Gefühle zu uns und unserer Beziehung entwickeln. Wenn wir Freunde anrufen, um mit ihnen etwas Besonderes zu feiern oder ihnen bei Problemen beizustehen, zeigen wir, dass wir an ihrem Leben interessiert sind und an sie denken. Sie werden unsere Besorgnis zu würdigen wissen und die Freundschaft wird noch intensiver.

Auch wenn wir an den Freuden und Enttäuschungen von Mitarbeitern teilnehmen, wenn wir sie nach ihrem Leben außerhalb der Firma fragen, fühlen diese sich geachtet. Wir verbessern damit unsere beruflichen Beziehungen und schaffen am Arbeitsplatz eine freundliche Atmosphäre.

Wärme und Kälte im Umgang können einen bedeutenden Einfluss auf das Leben von Menschen haben. Zum Beispiel wirkt sich die Art, wie wir mit unseren Kindern sprechen, auf ihre Selbstachtung und Selbstwahrnehmung aus und das kann ein Leben lang vorhalten. Wenn wir hart zu ihnen sind und nur ihre Fehler und Schwächen betonen, dann werden sie wahrscheinlich mit mangelndem Selbstbewusstsein und einem negativen Selbstbild aufwachsen.

Wenn wir im Gegenteil das betonen, was an ihnen hervorragend ist, und wir ihnen positive Rückmeldungen geben, wenn wir sie spüren lassen, wie sehr wir sie lieben, dann werden sie stärker und selbstbewusster. Wir werden eine viel innigere Beziehung zu ihnen entwickeln, wenn diese auf Wärme und Ermutigung beruht statt auf Härte und Kritik.

Natürlich nützt menschliche Wärme nicht nur Kindern. Jeder von uns braucht liebevolle und mitfühlende Worte, ein ganzes Leben hindurch. So wie harte Worte sich lebenslang verhängnisvoll auswirken können, so merken wir uns liebevolle Worte für immer. Ein paar hingeworfene kritische Worte können uns zeitlebens seelisch tief verletzen, während ein paar sorgfältig gewählte Worte in manchen Fällen sogar Leben retten können.

Die Macht liebevoller Worte zeigt sich in der folgenden Geschichte.

Der Pfarrer und der Chef

Eines Sonntags ermahnte der Pfarrer die Mitglieder seiner Gemeinde in der Kirche, sie sollten den Mitmenschen positiv begegnen. Er wünschte sich, dass jeder eine Person aus seinem Umfeld, die Ermutigung braucht, ansprechen und ihr aus vollem Herzen etwas Gutes sagen sollte. Er fügte hinzu, man sollte die Person, die man ermutigt hätte, anschließend bitten, jemand anderen zu finden, der eine Ermutigung brauchen könnte, und wieder das Gleiche zu tun.

Ein Gemeindemitglied stellte fest, dass sein Chef eine Ermutigung brauchen könnte. Der Chef war ein sehr kluger, kreativer Mann, der jedoch dazu neigte, unter Stress zu geraten und dann die gute Laune zu verlieren. Er meinte, dieser Mann habe sehr viele gute Eigenschaften, für die er ihn ehrlich loben könne, und dass das Lob zu einer Verbesserung seiner Stimmung beitragen würde.

Am nächsten Tag machte er einen Termin mit seinem Chef aus.

Als er das Büro betrat, hieß ihn sein Chef, Platz zu nehmen. »Was wünschen Sie?«, fragte er den Mann schroff.

»Mein Pfarrer«, so antwortete der Mann, »hat gesagt, ich solle mir jemanden in meiner Umgebung suchen, der ehrliches und aufrichtiges Lob braucht. Er wünschte, ich solle diesem Menschen mitteilen, was ich von ihm halte. Also, ich möchte Ihnen sagen, dass ich Sie für sehr klug halte. Ich bewundere Ihre Kreativität

aufrichtig und habe viel gelernt, seitdem Sie mein Chef sind. Ich arbeite sehr gern für Sie.«
Der Chef war verblüfft. »Danke«, sagte er ehrlich. Die Worte des Mannes bedeuteten ihm viel.
Der Mann fuhr fort: »Mein Pfarrer sagte auch, ich solle denjenigen, den ich gelobt habe, bitten, sich jemand anderen einfallen zu lassen, der ehrliches und aufrichtiges Lob verdient, und dass er dieser Person das Lob zukommen lassen solle.«
Als der Chef an diesem Tag nach Hause fuhr, dachte er darüber nach, wer von seiner Umgebung wohl ein ehrliches und aufrichtiges Lob brauchen könne. Er beschloss, seinen jungen Sohn zu loben.
Der Chef liebte seinen Sohn sehr und war stolz auf ihn, doch da er so viel zu tun hatte und immer lange arbeitete, konnte er nur selten ausreichend Zeit mit ihm verbringen. Als er nach Hause kam, ging der Chef in das Zimmer seines Sohnes. Er fragte ihn, ob er sich setzen dürfe.
»Klar, Papa«, sagte der.
»Mein Sohn«, sagte der Chef, »ich weiß, dass ich nicht gerade so viel Zeit mit dir verbringen kann, wie ich sollte, und ich weiß, dass ich manchmal auch ziemlich gereizt bin. Ich kritisiere dich oft, wenn du irgendetwas falsch gemacht hast, und ich lobe dich zu selten, wenn du etwas gut gemacht hast. Ich möchte dir aber gern sagen, dass ich dich liebe. Ich meine, du bist ein großartiger Kerl und ich bin sehr stolz auf dich. Ich bin wirklich glücklich, dass du mein Sohn bist.«
Der Sohn lauschte dem Vater aufmerksam. Als der Vater zu Ende gesprochen hatte, füllten sich die Augen des Sohnes mit Tränen. Er begann zu weinen, weil er über die Worte seines Vaters tief gerührt war.
»Was ist los, mein Sohn, warum weinst du?«, fragte der Chef.
»Oh, Papa«, sagte der Sohn. »Ich bin ja so glücklich über das, was du mir gesagt hast. Weißt du, ich wusste nichts von deinen Gefühlen für mich. Wenn du böse mit mir warst und so wenig Zeit für mich hattest, dachte ich immer, du liebst mich nicht und ich bin eine einzige Enttäuschung für dich. Ich fühlte mich als Ver-

sager und war so einsam, dass ich mir oft vorgestellt habe, mich am nächsten Tag umzubringen, aber nachdem du mir das gesagt hast, brauche ich das nicht mehr zu tun.«

Anderen mit Wärme begegnen. Menschen mit Wärme zu begegnen heißt, ihnen Liebe zu zeigen. Liebe kann in unterschiedlicher Form auftreten, von der romantischen Liebe, die wir gegenüber unseren Ehepartnern oder Lebensgefährten empfinden, bis hin zu dem Mitgefühl, das wir den Armen und Notleidenden entgegenbringen. Wärme bestätigt und stärkt die Menschen, während Kälte seelische Wunden für ein ganzes Leben schlagen kann. Wärme schafft starke Bindungen zu anderen, während Kälte Beziehungen zerstört.

Gesetz 2
Helfen Sie anderen

Unglück hat mich gelehrt,
Unglücklichen Hilfe zu leisten.

VERGIL

Jeder von uns braucht ab und zu einmal Hilfe. Wenn wir anderen Menschen beistehen, dann erkennen wir sie als Freunde, Geliebte oder einfach als Mitmenschen an. Ob es sich dabei um eine kleine Geste handelt, wie den Mülleimer für unsere Partnerin mitzunehmen, oder ein gewaltiges Unternehmen, wie Häuser für Obdachlose zu bauen, Hilfsbereitschaft bedeutet anderen sehr viel und bringt uns selbst reichlichen Lohn. Wenn wir anderen Menschen helfen, dann schöpfen wir unser Potenzial aus und fühlen uns besser. Unsere Mitmenschen betrachten uns auch ganz anders. Unsere privaten und beruflichen Beziehungen werden erfolgreicher, und weil wir anderen helfen, werden sie uns auch helfen, wenn wir es brauchen.

Wenn wir andere unterstützen, ist unsere Chance, Hilfe zu erhalten, wesentlich größer. Ein Beispiel: Helfen wir einem Freund beim Umzug oder versorgen wir das Haustier unseres Nachbarn, wenn dieser verreist ist, dann werden unser Freund und unser Nachbar uns gern behilflich sein, sollten wir das später einmal brauchen. Wenn wir im Gegenteil immer wieder unsere Hilfe ausschlagen, dann werden uns die Menschen wahrscheinlich auch nicht beistehen.

Das heißt aber nicht, dass wir Hilfe nur aus dem einzigen Grund leisten sollten, um irgendwann einmal Hilfe zu erhalten. Wenn das so ist, dann ärgern wir uns vielleicht und meinen, die anderen tun nicht genug für uns. Wenn wir Hilfe als Manipulation auffassen, dann werden unsere Mitmenschen das durchschauen. Und auch wenn sie das nicht tun, spüren sie es und es entstehen ungute Gefühle zwischen uns und der Person, der wir scheinbar helfen.

Auf jeden Fall gibt es viele Menschen, die unsere Hilfe benötigen, sich aber nicht revanchieren können. Wenn wir zum Beispiel für wohltätige Zwecke Geld oder Zeit spenden, können wir nicht erwarten, dass diejenigen, die diese Hilfe bekommen, sich erkenntlich zeigen. Und doch kann es uns selbst große Befriedigung bringen, wenn wir anderen auf diese Art behilflich sind.

Anderen zu helfen macht unser Leben sinnvoll. Der Lohn für uns: Wir können unsere Fähigkeiten, Ressourcen und Talente zum Wohle anderer einsetzen. In psychologischen Studien ist immer wieder zu lesen, dass wir uns viel wohler fühlen, wenn wir andere unterstützen, als wenn wir uns nur auf unsere persönlichen Vorteile konzentrieren.

Ein Ex-Präsident als Wohltäter

Einer der größten Menschenfreunde unserer Zeit ist der ehemalige US-Präsident Jimmy Carter. Wenn auch Carter nicht unbedingt als der erfolgreichste Präsident in die Geschichte eingehen wird, so hat er doch seither sein Leben der Unterstützung anderer gewidmet. Seitdem er sein Amt aufgegeben hat, reist er durch die ganze Welt und hilft den Vereinten Nationen bei der Entwicklung junger Demokratien. Zusammen mit seiner Frau hat er »Habitat for Humanity« gegründet, eine Organisation, die armen Familien zu bezahlbaren, dabei menschenwürdigen Behausungen verhilft. Er setzt sich ebenso unermüdlich für den Frieden ein, wobei ihm seine hochrangigen Kontakte aus der Präsidentenzeit zugute kommen, wenn es darum geht, gegnerische Lager oder verfeindete Länder zusammenzubringen.

In jüngster Zeit erhielt Jimmy Carter den Friedensnobelpreis, vielleicht der höchste Preis, den ein hoher Staatsmann verdienen kann. Wenn auch manch einer ihn als erfolglosen Präsidenten ansehen mag, so hat er doch in seinem Leben einen gewaltigen Erfolg erzielt. Wegen seines permanenten Einsatzes für seine Mitmenschen wird man Carter als einen der größten Amerikaner seiner Generation im Gedächtnis behalten.

Während das Lebenswerk von Menschen wie Jimmy Carter uns inspirieren und begeistern kann, können auch wir das Leben unserer Mitmenschen durch kleine Dinge verändern. Ein Beispiel: Wir können unserer Partnerin im Haushalt oder den Kindern bei den Hausaufgaben helfen und ihnen dadurch unsere Liebe auf bescheidene, aber praktische Weise zeigen. Vielleicht wirkt das auf den ersten Blick unerheblich, doch gerade in diesen Dingen steckt oft das entscheidende Element für Glück und Qualität einer Beziehung. Wenn wir unserer Partnerin helfen, versichern wir uns ihres Wohlwollens. Anders ausgedrückt, unsere Partnerin wird sich an alles erinnern, was wir für sie getan haben, sie spürt, dass wir uns in der Beziehung engagieren und nur ihr Bestes wollen. Wir kennen alle das Sprichwort »Taten sind stärker als Worte«. Das trifft natürlich auch auf Beziehungen zu und eine der häufigsten Ursachen für das Scheitern von Beziehungen ist das Gefühl, dass einer der Partner nicht ausreichend Hilfe im Haus und in der Kindererziehung sowie in allen gemeinsamen Aufgaben des Ehelebens leistet.

Hilfsbereitschaft und der Wille zur Hilfsbereitschaft sind ebenso wichtig für den Erfolg in der Geschäftswelt. Firmen, die sich über das normale Maß bemühen, ihren Kunden zu helfen, werden Kunden eher gewinnen und halten als andere, die das nicht tun. Vor ein paar Jahren wollte ich zum Beispiel ein neues Bankkonto für eine meiner Firmen eröffnen und rief ein paar Banken an, um sie nach ihrem Angebot zu fragen. Die meisten fragten mich einfach nach meiner Adresse und schickten mir ihre Broschüren. Eine Bank jedoch fragte mich nach meinen speziellen Bedürfnissen und stellte mir alle Dienstleistungen, die ich brauchte, zur Verfügung. Dazu gehörten Telefon und Internet Banking, kostenlose Schecks, Firmenkredit usw. Man darf sich nicht wundern, dass ich diese Bank wählte, und ich habe seitdem immer gute Leistungen von ihr erhalten. Natürlich habe ich die Bank weiterempfohlen.

Auch am Arbeitsplatz ist Hilfsbereitschaft wichtig. Wenn wir unseren Mitarbeitern, Chefs und Angestellten helfen, dann werden sie uns gegenüber positiv eingestellt sein. Hilfsbereitschaft schafft eine bessere Atmosphäre am Arbeitsplatz, fördert den guten Ruf und sie nützt dem Wohl der Firma in Bezug auf Wissenstransfer und Effizienz. Die Menschen nehmen unsere Hilfsbereitschaft zur Kenntnis, wir kommen dadurch vorwärts und gelangen zu einem hervorragenden Ruf.

Das nächste Beispiel bezieht sich auf den spontanen Lohn für eine Hilfeleistung, das heißt, dass jemand für seine Hilfe sofort und auf spektakuläre Weise belohnt wurde. Der Umfang und das Tempo, mit dem dieser Mann belohnt wurde, ist vielleicht außergewöhnlich, dennoch beleuchtet dieses Beispiel ein wichtiges Prinzip: Wenn wir anderen selbstlos beistehen, werden wir oft so belohnt, wie wir es vorher einfach nicht zu träumen wagten.

Vom Nachtportier zum Manager

Ein Nachtportier arbeitete in einem billigen Hotel in der Innenstadt von Philadelphia, als ein älteres Ehepaar die Halle betrat. »Meine Frau und ich haben in der ganzen Stadt nach einem Zimmer gesucht«, sagte der alte Herr. »Wir wussten nicht, dass hier so viele große Veranstaltungen stattfinden. Wir sind todmüde, und es ist schon nach Mitternacht. Bitte sagen Sie nicht, dass Sie keinen Platz für uns haben.«
Tatsächlich gab es keine freien Zimmer in dem Hotel, doch der Portier wollte sein Bestes für das alte Ehepaar tun, das offensichtlich erschöpft und mutlos durch seine lange Suche nach einem Zimmer war. Er bot ihnen sein eigenes Zimmer an und sagte: »Es ist nicht so schön wie andere Zimmer, aber ich würde mich freuen, wenn Sie heute Nacht meine Gäste wären.«
Am nächsten Morgen beim Frühstück rief der alte Herr den Manager des Hotels zu sich und bat ihn, den Nachtportier zu holen. Der Portier eilte zum Speisesaal in der Hoffnung, dass seine Gäste gut geschlafen hätten. Doch der Mann versetzte den Portier in höchstes Erstaunen, als er sich als John Jacob Astor vorstellte und fragte: »Würde es Sie freuen, wenn ich in New York City ein großes, schönes Luxushotel bauen würde und Sie zu meinem Di-

rektor machte?« Daraufhin wurde das »Waldorf-Astoria« gebaut und der Nachtportier stieg zu einem der bekanntesten Männer in der Geschichte der Hotellerie auf.

Der Nachtportier hatte nur gesehen, dass der Mann und die Frau, die in das Hotel kamen, alt und recht einfach waren, ein ärmliches Ehepaar – schließlich war es ein billiges Hotel. Sie sahen nicht aus wie »wichtige« Menschen und doch behandelte er sie so, als wären sie es gewesen. Statt sie wieder auf die Straße zu schicken, war er hilfsbereit und stellte ihre Bedürfnisse über seine eigenen.

Anderen helfen. Wir alle brauchen ab und zu einmal Hilfe. Wenn andere Hilfe benötigen, sollten wir ihnen schnell zur Seite stehen. Meistens revanchieren sich diejenigen, denen wir geholfen haben. Wenn das nicht der Fall ist, haben wir immer noch die Genugtuung, etwas Wertvolles getan zu haben. Anderen zu helfen bedeutet, unsere positiven Gefühle für sie auszudrücken und Beziehungen auf der Grundlage aufzubauen, ihre Bedürfnisse zu beachten.

Gesetz 3
Seien Sie freundlich zu anderen

Ein Zustand, der nicht angenehm oder erfreulich für mich ist, soll es auch nicht für ihn sein und ein Zustand, der nicht angenehm oder erfreulich für mich ist, wie kann ich ihn einem anderen zumuten?

BUDDHISTISCHES SPRICHWORT

Mit Freundlichkeit bringen wir Menschen zusammen und geben ihnen zu verstehen, dass wir gern mit ihnen zusammen sind. Wenn wir freundlich sind, dann fühlen sich die anderen wohl. Wir teilen ihnen auf diese Art mit, dass wir sie so akzeptieren, wie sie sind, und dass wir uns freuen, sie zu kennen. Wir fühlen uns gut, wenn Menschen freundlich zu uns sind, und Freundlichkeit ist eine gute Möglichkeit, einen positiven ersten Eindruck zu schaffen.

Freundlichkeit ist in vielen beruflichen Situationen unabdingbar, vor allem im Umgang mit Kunden. Ein Beispiel: Wenn wir ein Restaurant betreten, möchten wir von einer angenehmen, freundlichen Bedienung begrüßt werden, die uns das Gefühl gibt, willkommen zu sein. Andererseits verdirbt uns eine mürrische, unfreundliche Bedienung die Freude am Restaurantbesuch. Welches Restaurant werden wir wohl ein zweites Mal aufsuchen und wem werden wir wohl das höhere Trinkgeld geben?

Das gleiche Prinzip gilt für den gesamten Dienstleistungsbereich – Hotel, Handel, Finanz-Dienstleister, Freizeitindustrie, um nur einige zu nennen. Freundlichkeit kostet nichts und wirkt positiv auf den Kunden. Wenn wir unfreundlich behandelt werden, ist die Chance, unsere Geschäfte das nächste Mal anderswo zu tätigen, sehr groß.

Eine freundliche Geste kann einen anderen für den ganzen Tag aufheitern. Ein nettes Hallo vom Busfahrer auf dem Weg zur Arbeit, eine SMS von einem Freund, die Nennung des Namens bei der Begrüßung am Empfang, all das kann unsere Stimmung heben. Wenn wir freundlich zu anderen sind und sie in gute Laune versetzen, dann sehen sie auch uns mit anderen Augen. Einen guten ersten Eindruck macht man am sichersten, wenn man sich sofort den Namen des anderen merkt und ihn immer wieder im Gespräch ausspricht. So etwas beweist, dass man sein Gegenüber aufmerksam beachtet und sich freut, es kennen zu lernen. Der andere fühlt, dass wir ihn schätzen, und wird uns ebenso begegnen.

Wenn wir uns an den Namen unserer Mitmenschen erinnern und ihn aussprechen, wird man uns charismatisch finden. Die Menschen freuen sich, wenn man ihnen ganz persönlich Aufmerksamkeit gewährt, und sie werden lieber mit uns in Verbindung treten und uns zufrieden stellen wollen.

Freundliche Menschen sind nicht so leicht einsam. Wenn wir bei der ersten Begegnung freundlich auf Menschen zugehen, ist der erste Eindruck positiv, und man lernt sich leichter kennen. Sind wir dagegen unfreundlich, dann fühlt sich unser Gegenüber unwohl und wird uns nicht ohne weiteres wiedersehen wollen. Wenn wir unfreundlich sind, beschränken wir uns selbst.

Sind wir nur freundlich, wenn die anderen sich als »freundlich uns gegenüber« erwiesen haben, beschränken wir uns ebenso. Dadurch erschweren wir anderen nicht nur das Kennenlernen, sondern wir wirken auch arrogant, da wir voraussetzen, dass der andere sich zunächst einmal das Recht verdienen muss, unsere Bekanntschaft zu machen. Wenn wir nicht sofort freundlich auf andere zugehen, warum sollten sie dann überhaupt dieses Recht erwerben wollen?

Freundlichkeit zeigen wir auch, wenn wir Freunde und Bekannte zu uns nach Hause einladen oder gemeinsame Aktivitäten vorschlagen, wie im Restaurant essen oder in einer Bar etwas trinken gehen. Mit solchen gemeinsamen Aktivitäten bringen wir Menschen zusammen, die gern schöne Stunden erleben und neuen Leuten begegnen wollen. Auch wir profitieren davon, denn unser Leben wird dadurch angenehmer und fröhlicher und wir stehen mitten in der menschlichen Gesellschaft. Manchmal neigen wir dazu, die Organisation gemeinsamer Unternehmungen von anderen zu erwarten, und hoffen auf eine Einladung. Doch wir werden schnell merken, dass wir selbst umso häufiger eingeladen werden, als wir andere zu Aktivitäten einladen. Wir tragen zu einem schönen, geselligen Leben für uns bei, wenn wir den anderen dazu bringen, sich ebenfalls dafür einzusetzen.

Wenn wir freundlich sind, begegnen wir auch leichter Menschen, die dann zu guten Freunden werden oder die uns eines Tages ein gutes Geschäft oder einen anderen Vorteil verschaffen. Dass unfreundliches Benehmen leicht Türen vor uns zuschlägt, bevor wir von ihrer Existenz wussten, zeigt die folgende wahre Geschichte.

Die reiche Dame und der Kinderarzt

Eine Frau lebte in einem vornehmen Viertel von New York. Sie verfügte über alle materiellen Güter, die sie sich nur wünschen konnte, doch ihre kleine Tochter litt an einer wahrscheinlich lebensgefährlichen Krankheit. Sie hatte das Kind einer ganzen Anzahl der besten Ärzte von New York vorgestellt, doch leider konnte keiner von ihnen helfen. Eines Tages las sie in der Zeitung, dass ein Schweizer Arzt eine öffentliche Vorlesung in der Universität von New York halten würde. In dem Artikel wurde er als einer der besten Kinderärzte der Welt beschrieben. Die Frau war voller Hoffnung. Wenn irgendjemand ihrem Kind helfen konnte, dann war es dieser Mann. Sie beschloss, mit ihm Kontakt aufzunehmen und ihn zu fragen, ob er ihr Kind einmal anschauen könnte. Obwohl sie es immer wieder versuchte, konnte sie ihn nicht erreichen. Sie hinterließ bei seinem Assistenten Nachrichten, sie schrieb Briefe, rief in der Universität an, doch sie erhielt keine Antwort. So verlor sie allmählich die Hoffnung.

Ein paar Monate später an einem Regentag, hörte sie ihre Türklingel läuten. Vor der Tür stand ein durchnässter älterer Herr mit Bart.

»Entschuldigen Sie«, sagte er, »ich habe mich verlaufen, und da dachte ich, dass Sie mir vielleicht Ihr Telefon kurz zur Verfügung stellen, damit ich mir ein Taxi rufen kann, das mich zum Hotel zurückbringt.«
»Tut mir Leid«, sagte die Frau abweisend, »ich habe ein krankes Kind im Haus. Ich möchte es nicht stören. Da müssen Sie schon jemand anderen fragen.«
Als die Frau am nächsten Morgen die Zeitung las, bemerkte sie einen weiteren Artikel über den Schweizer Arzt, den sie hatte erreichen wollen. Sie las, dass der Arzt ein weiteres Mal zur Universität von New York gekommen war. Dieses Mal stand ein Foto des Arztes bei dem Artikel. Die Frau erkannte ihn sofort als den Mann, der am Tag zuvor bei ihr vor der Tür gestanden hatte.

Wenn die Frau dem Mann geholfen oder den Anruf für ihn gemacht hätte, wäre alles anders verlaufen. Vielleicht hätte sie erfahren, wer er war, und vielleicht hätte er ihrer kranken Tochter geholfen. Da sie die Tür vor ihm geschlossen hatte, war ihr eine wichtige Gelegenheit entgangen, ihrem kranken Kind zu helfen.

Viele von uns »schließen die Tür« jeden Tag vor anderen. Wir sollten die Menschen, die uns begegnen, höflich und respektvoll begrüßen, denn wir wissen niemals, was die Bekanntschaft mit jenen Menschen uns eines Tages für Vorteile bringen kann.

Freundlich sein zu anderen. Wenn wir freundlich sind, fühlen sich die Menschen wohl und ihr Leben wird angenehmer. Wenn wir gastfreundlich sind und Menschen zusammenbringen, verhelfen wir ihnen zu schönen Stunden und bauen für uns selbst ein reiches gesellschaftliches Leben auf. Je freundlicher wir zu anderen Menschen sind, desto freundlicher sind diese wahrscheinlich zu uns.

Gesetz 4
Nehmen Sie Rücksicht auf die Bedürfnisse anderer

Fordere viel von dir selbst und erwarte wenig von anderen. So wird dir viel Ärger erspart bleiben.

Konfuzius

Die Goldene Regel anwenden heißt Rücksicht auf die Bedürfnisse unserer Mitmenschen nehmen. Wir sollten nicht davon ausgehen, dass andere automatisch dasselbe mögen wie wir. Ein Beispiel: Ich liebe Fußball und würde mich sehr freuen, wenn meine Partnerin mir eine Fußballkarte schenken würde. Das heißt aber nicht, dass eine Fußballkarte das geeignete Geschenk für sie wäre. Ich weiß, dass sie Fußball nicht mag, und sie wäre sehr enttäuscht … wenn nicht verärgert! … wenn ich an ihrem Geburtstag mit ihr zu einem Fußballspiel gehen würde.

Die Bedürfnisse anderer erkennen heißt, uns in sie hineinzuversetzen. Wir sollten uns bemühen, andere zu verstehen – ihren Geschmack, ihre Vorlieben, ihre Hoffnungen, ihre Ängste, ihre Träume. Wenn wir zu Menschen gute Beziehungen entwickeln wollen, dann müssen wir ihre Interessen nachvollziehen können. Wenn wir dazu nicht in der Lage sind oder wenn wir uns nicht um Verständnis bemühen, dann könnten wir uns ihnen entfremden und sie freuen sich nicht, selbst wenn wir ihnen einen Gefallen tun wollen.

Die große Weihnachtsenttäuschung

Einer meiner Freunde, den ich nicht beim Namen nennen möchte – damit er keinen Ärger bekommt und ich keinen Hieb auf die Nase! –, hat an einem vergangenen Weihnachtsfest fast die ganze

Feier verdorben, weil er seiner Verlobten ein unpassendes Geschenk ausgesucht hatte. Es war ihr erstes gemeinsames Weihnachten seit der Verlobung, und als seine Verlobte das riesige Geschenkpaket unter dem Weihnachtsbaum erblickte, war sie ganz außer sich bei dem Gedanken, was er wohl für sie ausgesucht hatte. Ungeduldig riss sie das Geschenkpapier auf, öffnete die Schachtel und hob ihr Geschenk heraus … einen Dampfdrucktopf!

Man braucht wohl nicht extra zu betonen, dass sie nicht allzu glücklich darüber war. Es war kein sehr romantisches Geschenk, wenn man bedenkt, dass sie erst seit kurzer Zeit verlobt waren. Außerdem schien das Geschenk in den Augen der Braut nicht gerade zärtliche Gefühle für sie zu signalisieren. Sollte das heißen, dass er von ihr nach der Heirat die gesamte Küchenarbeit erwartete? Betrachtete er sie eher als Haustrampel und nicht als junge, attraktive Frau? Sie war fassungslos und wütend. Natürlich war sein Geschenk von ihm nicht negativ gemeint gewesen. Er hatte gedacht, dass das Geschenk praktisch und nützlich wäre und dass beide es häufig gebrauchen würden …

Das Problem war, dass sie sich zu jener Zeit nichts Praktisches wünschte, sondern etwas Romantisches. Er hatte etwas verschenkt, was er für nützlich hielt, doch was schlicht und ergreifend nicht ihren Wünschen entsprach.

Rücksicht auf andere zu nehmen ist auch im Gespräch wichtig, vor allem wenn jemand Ärger hat und sich an einen anderen wendet, um Bestätigung zu finden. Wir machen häufig den Fehler zu glauben, wir müssten Lösungen vorschlagen, wenn uns jemand von seinen Problemen erzählt. Das ist vielleicht ab und zu der Fall, doch meistens braucht der andere ganz einfach Zuwendung und Verständnis.

Manchmal ist guter Rat angebracht, aber manchmal ist es auch wichtiger, für jemanden da zu sein, ihm mitzuteilen, dass man mitfühlt und versteht, was er gerade durchmacht. Einem Menschen nur mitfühlend zuzuhören kann hilfreich sein. Ein guter Freund, liebender Partner oder Elternteil zu sein bedeutet nicht unbedingt, Lösungen zu finden, doch es heißt, dass man sich aufmerksam und dem anderen zugewandt verhält, wenn es ihm schlecht geht.

Ein Beispiel: Wenn unsere Partnerin zugenommen hat oder sich hässlich fühlt, dann mag man versucht sein, ihr Ratschläge für eine Diät oder eine Gymnastik zu erteilen. Wenn das unsere erste Antwort ist, dann verstärkt das nur ihr negatives Selbstbild. Aussagen dieser Art mögen objektiv richtig sein, doch sie wirken sich nicht günstig auf unsere Beziehung aus. Eine bessere Antwort wäre, der Partnerin zu sagen, dass man sie liebt, dass sie eine tolle Frau ist und man sie trotz der zusätzlichen Pfunde schön findet. Wenn sie sich dann sicherer fühlt und ihr Selbstbewusstsein gestärkt ist, dann kann man vielleicht hilfreiche Ratschläge für den Gewichtsverlust erteilen.

Einfühlung in die persönlichen Bedürfnisse anderer Menschen ist der Schlüssel zu festen, liebevollen und persönlichen Beziehungen. Einfühlung in die Bedürfnisse anderer kann auch entscheidend für den Erfolg in der Geschäftswelt sein. Wenn man sich in seine Kunden hineinversetzt, kann man die Art von Dienstleistung bieten, die sie immer wieder zu uns zurückbringt. Es gibt ganze Bücher voller Beispiele über Firmen, die Erfolg hatten, weil sie die Wünsche ihrer Kunden an die erste Stelle all ihrer Aktivitäten setzten, und andere, die versagten, weil sie die Bedürfnisse ihrer Kunden nicht ausreichend beachteten.

Die nächste Geschichte handelt von Ralph R. Roberts, dem erfolgreichsten Immobilienmakler der USA. Sie zeigt, wie er sich im wahrsten Sinne des Wortes in seinen Kunden hineinversetzte und dadurch einen Kaufvertrag trotz harter Konkurrenz mit anderen unterzeichnen konnte.

Der einfühlsame Immobilienmakler

Vor ein paar Jahren war Roberts zu dem Haus einer Frau in Michigan bestellt worden. Es war ein kalter Regentag mitten im Winter und der Schnee auf dem Boden schmolz zu schmutzigem Matsch. Einige andere Grundstücksmakler hatten an diesem Nachmittag schon angerufen in der Hoffnung, dieses wertvolle Objekt zu bekommen.

Das Erste, was Roberts beim Betreten des Hauses durch die Vordertür auffiel, war die Sauberkeit. Die Teppiche und die Auslegware waren wie neu, die Holzböden blank poliert. Roberts bemerkte sofort, wie stolz die Frau auf ihren Haushalt war. Er zog seine Schuhe aus, bevor er eintrat, und sagte seinem Assistenten, er solle das auch tun. Die Frau war erfreut – umso mehr, als keiner der Makler zuvor seine Schuhe ausgezogen hatte.

Roberts erwies sich als besserer Verkäufer als seine Mitbewerber, weil er sich in die Frau hineinversetzt hatte und ihre Gefühle und Wertvorstellungen verstand. Die Frau bemerkte das. Sie sah hier jemanden, der ihre Interessen respektierte und teilte, jemanden, mit dem sie Geschäfte machen konnte. Roberts hatte die Zeichen um sich herum erkannt und sich seinem Kunden gegenüber einfühlsam verhalten. Ganz klar, dass die Frau sich für ihn entschied.

Rücksicht auf die Bedürfnisse anderer nehmen. Es ist sehr wichtig zu verstehen, dass verschiedene Menschen unterschiedliche Bedürfnisse haben und dass das, was für den einen richtig sein mag, nicht unbedingt für jeden richtig ist. Auch wenn wir die Probleme eines Menschen nicht lösen können, kann es ausreichen, wenn wir einfach für ihn da sind. Manchmal ist es besser, Unterstützung zu signalisieren, als eine Lösung zu finden. Einfühlsamkeit gegenüber den Bedürfnissen anderer kann uns in persönlichen und beruflichen Situationen zum richtigen Handeln verhelfen.

Gesetz 5
Behandeln Sie andere Menschen mit Respekt

Die menschliche Gesellschaft gleicht einem Gewölbe, das zusammenstürzen müsste, wenn sich nicht die einzelnen Steine gegenseitig stützen würden.

LUCIUS ANNAEUS SENECA

Auf die Grundbedürfnisse wie Essen, Unterkunft und Sicherheit folgt der Respekt als eines der wichtigsten Bedürfnisse des Menschen. Wir alle brauchen das Gefühl, dass die Menschen unsere Meinung achten, dass unsere Worte ernst genommen werden und dass die anderen unsere Bedürfnisse und Wünsche in Betracht ziehen, wenn sie Entscheidungen über uns fällen. Wenn wir Menschen mit Respekt behandeln, dann erkennen wir unser elementarstes Recht, die Menschenwürde, an. Wir bestätigen ihren Wert als menschliche Wesen und gewähren ihnen ihr Recht auf eigene Bedürfnisse, Wünsche und Meinungen.

Ein wichtiges Element des Respekts gegenüber anderen Menschen ist, ihre Worte zu akzeptieren, auch wenn wir nicht unbedingt damit einverstanden sind oder ihre Meinung und ihr Lebensstil sich sehr von unserem unterscheidet.

Mangel an Respekt ist die Quelle vieler Streitereien und Zwistigkeiten in unserem Familienleben. Er kann oft ein Grund für den Generationskonflikt sein. Zum Beispiel halten wir vielleicht die Ansichten unserer Eltern für überholt und nehmen sie nicht ernst oder wir finden die Lebensart unserer Kinder albern oder verantwortungslos, ohne uns klar darüber zu sein, warum sie so denken und sich so verhalten.

Arzt oder Offizier?

Ich erinnere mich, dass in meiner Jugend einer meiner Freunde von seinem Vater wegen seiner Berufswahl »verstoßen« wurde. Dieser stammte aus einer Familie, deren Mitglieder über viele Generationen hinweg Ärzte gewesen waren, und man erwartete selbstverständlich von dem Sohn, dass er den gleichen Weg gehen würde. Er sollte sich zum Medizinstudium einschreiben und eventuell die Arztpraxis der Familie übernehmen. Der Sohn hatte jedoch eigene Pläne, er wollte zum Militär gehen. Er lernte fleißig in der High School und bekam ein Armeestipendium am College unter der Bedingung, dass er nach Abschluss des Studiums eine Offiziersausbildung beginnen würde.

Der Sohn glaubte leidenschaftlich an den Wert einer militärischen Laufbahn und wusste, dass er das Zeug dazu hatte, ein bedeutender Offizier zu werden. Er wollte auch mit der Familientradition brechen und etwas Eigenes aufbauen. Jedoch war seine Berufswahl für den Vater nicht annehmbar. Statt dem Sohn respektvoll zuzuhören und sich um Verständnis zu bemühen, verhielt sich der Vater abweisend und lehnte es ab, irgendeinen vernünftigen Grund zu akzeptieren, einen Beruf außerhalb der Medizin zu suchen. Er hatte keinerlei Respekt vor der Ansicht seines Sohnes und unternahm keinerlei Versuch zu begreifen, warum dieser die Militärlaufbahn für richtig hielt. Statt stolz zu sein, dass sein Sohn ein Stipendium an der Universität und ein Offizierspatent erhalten hatte, setzte er seine Leistungen herab und schloss ihn aus der Familie aus, bis er »zur Vernunft« käme. Das ist zwanzig Jahre her und der Bruch besteht bis heute. Natürlich verhärtete sich der Sohn auch dem Vater gegenüber und es gibt bis heute kein vernünftiges Gespräch zwischen ihnen. Die Familie ist auseinander gebrochen, nur weil ein Vater keinen Respekt vor den Wünschen seines Sohnes zeigen will.

Wenn wir einen Mitmenschen respektieren und uns für ihn interessieren, erweisen wir ihm damit die höchste Ehre. Das trifft auf Freundschaften zu, auf Beziehungen und auch auf erste Begegnungen mit fremden Menschen.

Wenn wir Menschen neu kennen lernen, wird ihr Eindruck von uns nicht so sehr durch unsere Klugheit oder unser Auftreten bestimmt, sondern dadurch, welches Interesse wir ihnen entgegenbringen. Wenn wir nur von uns sprechen, wirken wir wahrscheinlich arrogant oder sogar aufdringlich. Wenn wir unserem Gegenüber jedoch eine Menge Fragen über es stellen und echtes Interesse an seinem Leben und seiner Meinung zeigen, dann machen wir höchstwahrscheinlich einen guten Eindruck.

Vor einiger Zeit führte eine große US-Universität eine Studie über das Verhalten von Menschen bei Verabredungen durch. Danach ist der entscheidende Faktor für das Gelingen einer Verabredung das Gefühl, vom anderen respektiert zu werden. Auf die Frage, wie man Respekt beurteilen kann, sagten die meisten, sie beachten, ob ihr Gegenüber ihnen zuhört und etwas über sie erfahren möchte. Wenn wir uns für einen Menschen interessieren und seine Meinung respektieren, dann wird er positiver auf uns reagieren, als wenn wir nur über uns selbst sprechen und unsere Meinung ständig ins Spiel bringen.

Respektlosigkeit kann auch die Atmosphäre am Arbeitsplatz vergiften. Sie hat oft ihren Grund in Vorurteilen. So haben Frauen in manchen Betrieben sogar heute noch Schwierigkeiten, mit ihrer Meinung ernst genommen zu werden. In der Autoindustrie zum Beispiel herrscht eine Macho-Kultur. Eine Freundin von mir wurde vor kurzem in eine hohe Position bei einer der größten Autofirmen der USA befördert. Als ein anderer leitender Angestellter davon erfuhr, gratulierte er ihr nicht, sondern bemerkte nur, dass Frauen in solchen Positionen die Firma »im Handumdrehen ruinieren« würden.

Diese Einstellung ist nicht nur beleidigend und unfreundlich, sie macht auch keinerlei Sinn. Diese Frau ist außerordentlich kompetent, sie kann Entscheidungen treffen und leistet in der Arbeit Großartiges. Ihr Kollege, der sie wegen ihres Geschlechts diskriminierte, hat nicht nur ihren Karriereaussichten geschadet, sondern auch den Interessen der Firma. Er hat auch seine eigene Position herabgesetzt. Statt eine erfolgreiche und produktive Zusammenarbeit zu fördern, lehnte er Kooperation und Kollegialität ab, was von anderen, die seine sture Ansicht nicht teilten, mit Missfallen aufgenommen wurde.

Respektlosigkeit am Arbeitsplatz findet man auch zwischen verschiedenen Berufen, Berufsgruppen oder Abteilungen. Als Unternehmensberater habe ich bemerkt, dass in den leistungsfähigsten Firmen Respekt und Kooperation zwischen den verschiedenen Berufszweigen herrscht. In diesen Firmen sind die Menschen bereit, von Angestellten anderer Bereiche zu lernen und mit ihnen zusammenzuarbeiten. So können sie besser zur Entwicklung attraktiver Produkte und Dienstleistungen für ihre Kunden beitragen.

In Firmen, in denen die Beziehungen unter den Abteilungen durch Respektlosigkeit gekennzeichnet sind, steht der Kampf zwischen ihnen oft an erster Stelle der Tagesordnung. Statt sich zum Wohl der Kundschaft zusammenzufinden, konzentriert man sich lieber darauf, andere Abteilungen zu besiegen. Statt Energie zu bündeln, um das Unternehmen zum Erfolg zu führen, vergeudet man sie lieber in sinnlosen innerbetrieblichen Querelen.

Sogar in gut geführten und höchst produktiven Firmen kann es einmal zu Respektlosigkeit zwischen Mitarbeitern verschiedener Abteilungen kommen. Die folgende Geschichte ist witzig, doch sie zeigt, wie wir in Schwierigkeiten geraten können, wenn wir unseren Mitarbeitern keinen Respekt zollen.

PowerPoint hört mit!

Bei einem Meeting von Microsoft kamen fünf Software-Teams zusammen, um über die neuen Entwicklungen ihrer Produkte zu sprechen. Einer der Programmierer kam zu spät, sah sich um und bemerkte, dass niemand vom PowerPoint-Team anwesend war. Er rollte mit den Augen und sagte: »Toll, dass die PowerPoint-Typen nicht da sind. Wahrscheinlich wollen die noch ein paar Sternchen und Bällchen in ihr Produkt einfügen.« Bei seinen Worten zeigten die anderen Teilnehmer wild gestikulierend auf ein Mikrofon mitten auf dem Tisch. Der Programmierer verstand, dass das PowerPoint-Team am anderen Ende der Leitung sein musste, wurde dunkelrot und beendete seinen Satz sehr kleinlaut: »Oh, hallo, Leute ...« Noch Jahre später wurde immer der gleiche Witz gemacht, wenn dieser Programmierer zu einem Meeting kam. Irgendjemand sagte immer: »Hey, PowerPoint ist in der Leitung«, ob es stimmte oder nicht.

Andere Menschen mit Respekt behandeln. Wir sollten andere ernst nehmen und uns interessiert an ihnen und ihren Leistungen zeigen. Wir sollten ihnen zuhören, ihre Argumente in Betracht ziehen und nicht zurückweisen, auch wenn ihre Ansichten und ihre Lebensart sich von unseren unterscheiden. Respekt ist ein Grundbedürfnis des Menschen – je mehr wir andere respektieren, desto positiver werden sie auf uns reagieren.

Gesetz 6
Verhalten Sie sich fair zu anderen

Wir haben gelernt, wie die Vögel zu fliegen, wie die Fische zu schwimmen; doch wir haben die einfache Kunst verlernt, wie Brüder zu leben.

MARTIN LUTHER KING

Fairness bedeutet, allen Menschen nach den gleichen Maßstäben und Regeln, ohne Vorlieben oder Vorurteile, zu begegnen. Wir alle wollen fair behandelt werden. Wenn das nicht der Fall ist, dann empfinden wir das als Ungerechtigkeit und in uns stauen sich Ressentiments gegenüber denjenigen, die wir für das unfaire Verhalten verantwortlich machen. Durch unfaires Verhalten können wir uns sehr unglücklich fühlen, es schafft eine Reihe von Problemen innerhalb von Familien, am Arbeitsplatz und in der Gesellschaft ganz allgemein.

Gute Eltern geben ihrem Kind zum Beispiel das Gefühl, dass es etwas Besonderes ist und geliebt wird. Dazu gehört, dass die Kinder fair behandelt werden. Wenn wir bei einem unserer Kinder schlechtes Benehmen tolerieren, ein anderes jedoch beim gleichen Verhalten bestrafen, dann entsteht bei den Kindern ein Gefühl von Ungerechtigkeit. Das vergiftet die Beziehungen zwischen den Kindern sowie zwischen Kindern und Eltern. Wenn wir uns den Kindern gegenüber inkonsequent verhalten, untergraben wir in ihren Augen unsere Autorität. Einige Studien beweisen, dass konsequentes Verhalten essenziell wichtig ist, wenn man seinen Kindern gute Manieren beibringen möchte. Wenn die Kinder bei uns Inkonsequenz feststellen, verlieren wir jegliche Kontrolle über sie.

Das gleiche Prinzip gilt auch am Arbeitsplatz im Hinblick auf unser Verhalten gegenüber unseren Angestellten. Wenn sie merken, dass wir persönliche Lieblinge haben, dann entstehen daraus Ressentiments und negative Gefühle, sowohl gegen uns als auch gegenüber den von uns bevorzugten Personen. Das entzweit die Mitarbeiter nicht nur, sie verlieren auch die Lust an der Arbeit. Wenn Angestellte sehen oder fühlen, dass Anerkennung und Lohn eher durch Bevorzugung als durch Bemühungen, Erfolge und Ergebnisse erreicht werden können, dann wird keiner mehr sein Bestes tun und die Loyalität gegenüber der Firma nimmt ab.

Eine der unerfreulichsten Arten von mangelnder Fairness ist das Vorurteil – Diskriminierung von Menschen wegen ihrer Rasse, ihres Geschlechts, ihrer Religion oder ihres Alters. So wirkt sich Rassismus in einer Gesellschaft verheerend aus, er schafft Spannungen und Hass zwischen unterschiedlichen Gruppierungen, weil einige Menschen nur wegen ihrer Hautfarbe ungleiche Chancen erhalten.

Wenn wir selbst nicht vorurteilsfrei sind, wenn wir Vorurteile dulden oder verzeihen, fügen wir unserer Gesellschaft schweren Schaden zu. Statt mit allen zusammenzuarbeiten, um das Leben von uns und unseren Kindern zu verbessern, schaffen wir eine Gesellschaft, in der einige Gruppierungen mit geringeren Chancen auskommen müssen als andere, in der einige arm bleiben und mit einem Gefühl von Hilflosigkeit und Ungerechtigkeit leben müssen. Auf diese Weise entsteht eine Atmosphäre von Wut, Gewalt und Verbrechen, sowohl in der Gruppe der Unterdrückten als auch bei den höher Privilegierten. Auch wenn wir zu den Privilegierten gehören, schaden wir unserer eigenen Lebensqualität, wenn wir Vorurteile zulassen.

Vorurteile können sich auch am Arbeitsplatz negativ auswirken. Sicher ist es moralisch verwerflich, wenn wir Menschen diskriminieren. Außerdem ist es aber genauso kontraproduktiv vom geschäftlichen Standpunkt her, wenn Menschen wegen Kriterien von Beförderung ausgeschlossen werden, die nichts mit ihren Fähigkeiten oder ihrer Qualifikation zu tun haben. Wenn wir jemanden wegen seiner schwarzen Hautfarbe, wegen seines weiblichen Geschlechts oder seines hohen Alters nicht anstellen, dann entgehen unserer Firma vielleicht Menschen mit großen Fähigkeiten und viel Erfahrung. Und das ist noch nicht alles, wir verlieren vielleicht andere gute Angestellte und finden nicht so leicht neue, da die meisten klugen Menschen nichts mit Firmen zu tun haben wollen, die Ungerechtigkeit dulden.

Vorurteile können auch unsere Umsätze negativ beeinflussen. Wenn unser ungerechtes Verhalten bekannt wird, dann verlieren wir leicht Umsätze sowohl bei Firmen, die sich diskriminiert fühlen, als auch bei anderen anständigen Menschen, die wir durch unsere Diskriminierung kränken.

Eine Art von unfairem Verhalten, das wir leicht einmal zeigen, ist die Scheinheiligkeit. Wir sind scheinheilig, wenn wir auf einem ganz bestimmten Benehmen bei anderen bestehen, aber selbst uns nicht danach richten. Scheinheiligkeit vermeiden, das haben viele Politiker über die Jahre hinweg lernen müssen! Familienwerte betonen und nebenbei Affären haben, Immigration verdammen und dabei illegale Einwanderer als Hauspersonal beschäftigen, das sind scheinheilige Verhaltensweisen, die einige Karrieren von viel versprechenden Politikern beendet haben.

Scheinheiligkeit am Arbeitsplatz schadet außerordentlich. In einer Firma, für die ich von Zeit zu Zeit als Berater arbeitete, beschloss ein höherer Direktor, in seiner Abteilung Geld zu sparen. Er bestand darauf, dass alle Angestellten unabhängig von ihrer Stellung bei Reisen Economy Class fliegen sollten. Es wurde eine Menge Hauspost und E-Mails versandt, um die Bedeutung dieser Maßnahme für den wirtschaftlichen Einsatz der Firmengelder zu betonen. Man erklärte, dass die ganze Abteilung sparen sollte, um dem Rest der Firma ein Beispiel zu geben. Die Angestellten mögen die Maßnahme nicht gerade begrüßt haben, doch sie sahen sie ein und wollten zugunsten der Abteilung und der gesamten Firma damit zurechtkommen.

Ein paar Wochen später flog eine Gruppe von Mitarbeitern zu einem anderen Standort der Firma, um dort mit Kollegen einer anderen Abteilung zu sprechen. Sie checkten am Flughafen ein, gingen zum Flugsteig und stiegen schließlich in die Maschine, in der sie sich durch die Business Class hindurch zu ihren Sitzen in der Economy Class begaben. Auf dem Weg dorthin sahen sie plötzlich ihren Chef, der die Idee mit der Economy Class gehabt hatte, gemütlich in einem breiten Sitz der Business Class sitzen.

Die Mitarbeiter waren empört über das scheinheilige Verhalten ihres Chefs, und als dieser Vorfall in der Firma bekannt wurde – das geschah sehr schnell –, fand der Sparplan rapide keine Unterstützung mehr. Der Chef hatte von seinen Leuten ein Opfer verlangt, das er nicht bringen wollte – so kann man als Führungskraft niemanden begeistern.

Als Eltern sollte man ebenfalls Scheinheiligkeit vermeiden. Wenn wir von unseren Kindern verlangen, sie sollen sich auf eine bestimmte Art und Weise verhalten, und wir tun das nicht, dann geraten unsere Kinder durcheinander und verlieren den Respekt vor uns. Kindern lernen durch das Verhalten ihrer Eltern und nicht durch ihre Worte. Wenn wir unseren Kindern beispielsweise sagen, sie sollen nicht fluchen, und wir selbst gebrauchen üble Ausdrücke, dann werden sie nicht weiter beachten, was wir ihnen verboten haben, und wir sollten uns nicht wundern, wenn sie solche Ausdrücke auch verwenden. Kinder haben einen gesunden Sinn für Fairness und sie merken ganz genau, ob unsere Worte auch unseren Taten entsprechen.

Die nächste Geschichte handelt von positiver Elternschaft, die auf Fairness, hohen Idealen und der Vermeidung von Scheinheiligkeit beruht.

Der ehrliche Vater

Ein Vater ging mit seinen beiden Kindern in den Zoo. In diesem Zoo hatten Kinder unter acht Jahren freien Eintritt, während für Kinder über acht bezahlt werden musste. Die Kinder dieses Vaters waren sieben und neun Jahre alt. Am Kartenschalter fragte der Verkäufer, wie alt die Kinder seien. Dieser antwortete: »Sieben und neun.« Der Verkäufer lächelte. »Wenn Sie mir gesagt hätten, sie seien beide unter acht, dann hätte ich das nicht gemerkt.« »Ich weiß«, sagte der Vater, »aber die Kinder hätten das gemerkt.«

Der Vater handelte fair, da er den Zoo nicht betrog. Er gab aber auch seinen Kindern ein gutes Beispiel. Denn sie hätten es sicherlich bemerkt, wenn er nicht den richtigen Preis entrichtet hätte. Solche Kinder werden sicherlich Fairness und ehrliches Handeln zu schätzen wissen.

Sich fair verhalten anderen gegenüber. Wir sollten allen Menschen gegenüber die gleichen Maßstäbe anlegen, ohne jemanden zu bevorzugen. Unfaires Verhalten kann Beziehungen zu Hause und am Arbeitsplatz zerstören. Vorurteile gehören zu den schädlichsten Kräften in einer Gesellschaft. Wenn wir uns fair verhalten, fassen die Menschen Vertrauen und respektieren uns. Wenn wir dagegen unfair handeln, verlieren wir ihre Achtung, vor allem wenn wir scheinheilig sind.

Gesetz 7
Seien Sie aufrichtig im Umgang mit anderen

Nicht jeder sieht sofort ein, dass sich Anständigkeit bezahlt macht. Viele Leute denken, wenn sie Ellenbogen und antiquierte hierarchische Methoden einsetzen, komme der Erfolg. Er kommt aber nicht.

REINHARD MOHN

In Hollywood gibt es einen bekannten Ausspruch: »Das Geheimnis des Erfolgs im Leben ist Aufrichtigkeit – wenn du sie gut darstellst!« Es ist ein berühmtes Zitat, und doch ist es nur halb richtig. Natürlich ist Aufrichtigkeit ein Schlüssel zum Erfolg, aber man kann sie nicht spielen.

Wenn wir Menschen gegenüber aufrichtig sind, handeln wir ehrlich und zuverlässig, sagen die Wahrheit, halten Wort und stehen zu unseren Versprechen. Dann werden sich unsere Mitmenschen mit uns sicher fühlen, doch wenn wir nicht die Wahrheit sagen oder wenn wir unsere Versprechen nicht einhalten, dann stellen unsere Mitmenschen unseren Charakter in Frage und betrachten uns als unzuverlässig. Diese Meinung kann, wenn sie sich einmal verfestigt hat, nur sehr schwer verändert werden. Deshalb ist Aufrichtigkeit der Kern unserer persönlichen und beruflichen Beziehungen, das Herzstück unseres persönlichen Glücks und unseres beruflichen Erfolgs.

Wenn wir Wort halten, schaffen wir zu Hause und am Arbeitsplatz ein Gefühl von Sicherheit. Wenn wir unseren Kindern versprechen, sie am Wochenende zum Sportplatz mitzunehmen, sollten wir das tun. Wenn wir unseren Freunden versprechen, dass wir am Abend mit ihnen in eine Bar gehen, sollten wir das tun. Und wenn wir unserem Chef versprechen, dass wir den Bericht bis zum Wochenende fertig haben, sollten wir auch das einhalten. Versprechungen brechen sollten wir, wenn überhaupt, nur unter sehr außergewöhnlichen Umständen, zum Beispiel in Notfällen. Im Allgemeinen sollten Sie es sich zur Regel machen, Verpflichtungen nur einzugehen, wenn Sie sie – unter normalen Umständen – auch halten können. Jede nicht eingehaltene Verpflichtung schadet dem Vertrauen, macht den anderen unsicher und setzt uns in seinen Augen herab.

Eine Freundin hatte die schlechte Angewohnheit, Verabredungen im letzten Moment abzusagen. Da sie immer viel arbeitet und einiges erst kurz vor Feierabend auf sie zukommt, fühlt sie sich häufig unter Druck und sie entscheidet sich dann oft, vereinbarte Termine abzusagen. Sie ist eine sehr angenehme, lustige Person und sie kennt keinerlei böse Absichten oder mangelnden Respekt, wenn sie so etwas tut. Und doch hat sie diese Gewohnheit am Ende einige Freunde gekostet. Verabredete sie sich mit Leuten, dann nahmen diese sich nichts anderes vor und fühlten sich schlecht behandelt, wenn sie absagte. Oft war es für die Freunde dann zu spät, sich anderweitig etwas vorzunehmen. Sie waren enttäuscht, und der Abend war ihnen verdorben. Leider zögern jetzt viele Menschen, sich mit ihr für den Abend zu verabreden, denn sie fürchten wieder ihre Absage. Da sie sich als unzuverlässig erwiesen hat, kann sie nun kein fröhliches, geselliges Leben führen.

Das Gleiche gilt für die Berufswelt. Menschen müssen sich auf unser Wort verlassen können. Wenn wir sagen, wir liefern den Bericht um fünf Uhr am Montagnachmittag, dann sollte er um diese Zeit auch da sein. Mitarbeiter und Kunden müssen darauf vertrauen können, dass wir ihn pünktlich abgeben. Vielleicht brauchen sie den Bericht für eine Präsentation oder eine wichtige Sitzung. Wenn wir nicht liefern, können sie nicht liefern, so dass sie einen schlechten Eindruck hinterlassen.

Ein weiterer wichtiger Aspekt von Aufrichtigkeit ist Konsequenz. Es genügt nicht, wenn wir unsere Versprechen ab und zu halten. Wir müssen sie immer halten. Im Marketing gibt es eine allgemeine Einsicht, dass Kunden sich eher eine schlechte Erfahrung merken als eine gute. Das bedeutet, dass man einen Kunden zwar zwanzigmal zufrieden stellen kann, doch wenn man ein einziges Mal seine Erwartungen nicht erfüllt, dann gelten die zwanzig guten Leistungen vorher nichts. Ein ähnliches Beispiel gilt für unser Privatleben. Wenn wir unsere Versprechen nur ab und zu halten, werden die Menschen uns kaum vertrauen und wir werden nicht als aufrichtige Persönlichkeit gelten. Es gehört zum menschlichen Wesen, dass wir uns an Kränkungen eher erinnern und sie werden von den Menschen weniger schnell vergessen als die eingehaltenen Versprechen. Wir werden niemals als vertrauenswürdige Mitmenschen angesehen, wenn wir nicht konsequent Wort halten.

Ein wichtiger Bestandteil von Aufrichtigkeit ist Ehrlichkeit. Ehrlich zu sein ist mehr, als nur nicht zu lügen. Es heißt, die ganze Wahrheit zu sagen. Dieser Teil der Aufrichtigkeit fehlt leider sehr oft in der Geschäftswelt, vor allem in der Kommunikation zwischen Firma und Kunde. Vor einiger Zeit waren meine Partnerin und ich in England im Urlaub, wo wir einen Wagen für Ausflüge mieten wollten. Bevor wir aus den USA abflogen, rief ich eine Mietwagenfirma an und bat sie, mir den Preis für fünf Tage Mietwagen zu nennen. Der Preis schien vernünftig und so reservierte ich einen Wagen, den ich bei unserer Ankunft am Flughafen von London übernehmen sollte.

Als ich am Londoner Flughafen zum Schalter der Mietwagenfirma ging, wurde mir mitgeteilt, dass der Preis weder Versicherung, Steuer noch Vollkasko enthielt. Wenn ich nicht das Risiko hätte eingehen wollen, bei einem Unfall den gesamten Wert des Wagens zu ersetzen, hätte ich fast das Doppelte des zuvor angebotenen Preises bezahlen müssen. Es war spät, wir hatten einen langen Flug hinter uns und noch ein paar Stunden Autofahrt vor uns. So beschloss ich murrend, das Auto zu nehmen. Doch ich war enttäuscht und wütend. Die Mietwagenfirma – eine der bekanntesten in den USA – hat mich vielleicht nicht richtig angelogen, aber sie hat mir nicht die ganze Wahrheit gesagt. Sie hat mich vorsätzlich getäuscht, weil das Geschäft mit ihnen so viel attraktiver wirkte, als es tatsächlich war. Von ihr werde ich nie mehr einen Wagen mieten.

Natürlich passt dieses Prinzip auch auf unser Privatleben. Manchmal mag es verlockend erscheinen, eine Situation falsch darzustellen, etwas nie Geschehenes zu behaupten oder die »halbe Wahrheit« zu sagen. Vielleicht beruhigen wir unser Gewissen mit der Entschuldigung, dass wir nicht richtig gelogen haben. Doch es kommt im

Grunde auf dasselbe heraus. Nehmen wir an, dass unsere Partnerin Glücksspiele missbilligt, wir aber mit ein paar Freunden in einer Bar gespielt haben. Wenn unsere Partnerin uns fragt, wie der Abend verlaufen ist, und wir nur erzählen, wir seien in der Bar gewesen, ohne das Glücksspiel zu erwähnen, dann sagen wir nicht die ganze Wahrheit.

Wir haben zwar nicht richtig gelogen – schließlich waren wir in der Bar –, aber wir sind auch nicht richtig ehrlich gewesen. Wenn unsere Partnerin herausbekommen würde, dass wir gespielt haben, dann wäre sie sicherlich sehr aufgebracht. Sie würde das Vertrauen zu uns verlieren, und das ist ein wichtiger Bestandteil einer guten Partnerschaft. Aber auch wenn sie es nicht herausfindet, schadet es einer Beziehung auf lange Sicht, wenn wir Dinge verschweigen. Wenn wir in einer Partnerschaft nicht vollkommen offen sein und alles mit dem anderen teilen können, dann fühlen wir selbst manchmal Isolation und Distanz zu unserem Partner. Wir untergraben die gute Beziehung und jeder von beiden fühlt sich einsam.

Aufrichtigkeit wurde schon immer als hohe Qualität geschätzt, doch oft war sie schwer zu finden. Manchmal fühlen wir einen solchen Druck, schnell vorwärts kommen zu wollen, dass uns Aufrichtigkeit wie ein vorsintflutliches, altmodisches Verhalten erscheint. So sollten wir nicht denken. Da Aufrichtigkeit etwas so Frisches und Seltenes an sich hat, können wir sehr schnell zu einem hervorragenden Ruf gelangen, indem wir nur unsere Aufrichtigkeit zeigen. Wenn wir aufrichtig handeln, erheben wir uns sehr rasch über die Masse und schaffen uns einen positiven Ruf, der uns beruflichen und persönlichen Erfolg bringt.

Die nun folgende Geschichte über Lord Palmerston (Premierminister unter Königin Victoria) zeigt, wie wichtig Aufrichtigkeit ist.

Der Lord und das Mädchen

Lord Palmerston ging eines Tages über die Westminsterbrücke in Richtung Parlament, als er einem weinenden Mädchen begegnete. Die Kleine erzählt, sie habe ihre Milchkanne fallen lassen und die Milch sei ausgelaufen. Palmerston tröstete das Mädchen.

Er sagte, er habe im Augenblick leider kein Geld dabei, doch wenn sie am nächsten Tag um die gleiche Zeit wieder an die Stelle käme, würde er ihr genügend Geld für eine neue Kanne und Milch geben.
Am folgenden Tag war Palmerston in einer wichtigen Sitzung, als ihm die Verabredung mit dem kleinen Mädchen einfiel. Ohne eine Erklärung verließ er im Laufschritt den Raum und rannte den ganzen Weg vom Parlament bis zu der Stelle auf der Westminsterbrücke, wo das Mädchen auf ihn wartete. Er begrüßte es herzlich, gab ihm das versprochene Geld, rannte zurück ins Parlament und beendete die Sitzung, als sei nichts geschehen.

Diese Geschichte zeigt deutlich die Macht der Aufrichtigkeit. Palmerston war britischer Premierminister zu einer Zeit, als das Empire drei Viertel der Welt umfasste. Er war damals der mächtigste Mann der Welt, der über das Schicksal von Millionen Menschen entscheiden konnte. Heute weiß man jedoch nur noch wenig von Palmerstons Macht, von seinen Erfolgen und Leistungen. Am stärksten erinnert man sich jedoch daran, dass er dank seiner Aufrichtigkeit sein Versprechen einem kleinen verzweifelten Mädchen gegenüber gehalten hat.

Was auch immer wir in unserer beruflichen Laufbahn erreichen, wie andere uns sehen und wie man sich an uns erinnert, wird letztlich davon bestimmt, wie wir mit unseren Mitmenschen umgehen.

Aufrichtig sein im Umgang mit anderen. Wenn wir uns aufrichtig verhalten, dann sind wir ehrlich und wir versprechen nur das, was wir halten können. Aufrichtigkeit schafft Vertrauen in unseren beruflichen und persönlichen Beziehungen. Die Menschen haben dann Zutrauen zu uns – wir stehen über der Masse als jemand, dem man vertrauen kann.

Gesetz 8
Wirken Sie positiv im Leben anderer

Das Wenige, das du tun kannst, ist viel.

ALBERT SCHWEITZER

Man ist viel lieber mit Menschen zusammen, die eine positive Lebenseinstellung haben, als mit denen, die alles negativ sehen. Wenn wir positiv und optimistisch sind, dann spornen wir unsere Umwelt an, doch wenn wir negativ und pessimistisch sind, ziehen wir andere herunter und lähmen ihren Schwung und ihre Begeisterung.

Viele von uns haben es sowohl im Beruflichen wie im Privaten erlebt, dass wir vor Energie und Begeisterung strotzen, nur um gegen einen Menschen anzukommen, dessen Pessimismus alles wieder zunichte machte. Diese Menschen sehen ein Haar in jeder Suppe, alle unsere vorgeschlagenen Lösungen sind problematisch. Positive Menschen fördern unsere Energiequellen und feuern uns zu Höchstleistungen an.

Vor einiger Zeit arbeitete ich als Berater bei einer Technologiefirma. Diese Firma hatte wegen des Verfalls der Technologieaktien schwierige Zeiten durchgemacht und stand nun vor ein paar größeren Umstrukturierungen. Ich war in die Marketingabteilung gerufen worden, um mit den Mitarbeitern neue Konzepte zu entwickeln, damit man unter den schwierigen Bedingungen des Marktes erfolgreich sein könnte.

Das war eine große Herausforderung für die Firma und die Aufgabe erwies sich als besonders schwierig durch die Aktivitäten eines einzigen Mitglieds des Marketing-Teams, dessen permanent negative Einstellung die Kreativität und die Arbeitsmoral der anderen allmählich zerstörte. Bei den Sitzungen zeigte er ein finsteres Gesicht, verschränkte abwehrend die Arme und starrte vor sich hin. Er sprach nur von potenziellen Mängeln in den Vorschlägen seiner Kollegen oder wies auf neue Hindernisse oder Schwierigkeiten hin, die einen Erfolg unmöglich machten.

Er war kein besonders hoher Vorgesetzter, sondern nur ein gleichberechtigtes Mitglied des Teams. Und doch vergiftete seine negative Einstellung die Atmosphäre der gesamten Abteilung und zog die positive Energie ab. Seine Kollegen steckten am Beginn einiger Sitzungen voller Energie, versuchten ihre wundervollen neuen Ideen mitzuteilen, doch diese Energie war schnell verschwunden, da er jede Lösung torpedierte. Nach ein paar Wochen war die gesamte Abteilung demoralisiert und desillusioniert. Keine neue Idee war in die Praxis umgesetzt worden und die Firma stand vor dem Ruin.

Schließlich war einer der Mitarbeiter dieses Mannes am Ende seiner Geduld angelangt. Wütend brauste er während einer Sitzung auf. Jetzt sagten auch die anderen, was sie fühlten. Ein paar Tage später ging der Mann zur Geschäftsleitung und kündigte. Kaum war er weg, kehrten Energie und Enthusiasmus zurück. Es wurden neue Pläne geschmiedet und die Firma war gerettet. Die negative Einstellung hat diesen Mann den Respekt seiner Kollegen, danach den Job und fast die Zukunft der Firma gekostet. Dagegen hat die positive Einstellung seiner Kollegen die Firma gerettet.

Wenn wir zu Pessimismus neigen, vergiften wir nicht nur das Leben unserer Mitmenschen, sondern auch unser eigenes. Mit einer derartigen Einstellung übersehen wir alles Gute um uns herum und auch alle günstigen Gelegenheiten, die sich uns bieten. Eine positive Einstellung erfüllt uns mit Optimismus und Hoffnung und macht das Leben unserer Mitmenschen und auch unser eigenes um vieles schöner und einfacher.

Wenn wir positiv und optimistisch sind, dann ziehen wir Optimisten an, die unser Leben aufwerten. Wenn wir jedoch negativ sind, ziehen wir andere Pessimisten an, deren Einfluss unser Leben noch schlechter aussehen lässt. Wir mögen es genießen, mit anderen zu klagen, doch das verstärkt nur unsere negative Haltung, so dass die

Welt uns als unerfreulicher und feindseliger Ort erscheint. Wenn wir nur klagen und die dunkle Seite der Dinge wahrnehmen, werden wir zu Opfern, die überall um sich herum Schwierigkeiten sehen und nicht die Kraft haben, etwas zu verändern. Mit einer positiven Einstellung fühlen wir uns kraftvoll und fähig, unser Leben zu meistern.

Die Literatur über Lebenshilfe und Psychologie ist voll von anregenden Geschichten über Menschen, die Großes erreicht haben, weil sie ihre Gaben einsetzten und weil sie trotz hoffnungsloser Bedingungen gesiegt haben, weil sie weitermachten, wenn es einfacher erschien aufzugeben. Eines hatten all diese Menschen gemeinsam, eine positive Einstellung – eine Einstellung, die ihnen und ihren Mitmenschen Energie und Ideen einbrachte. Ein solcher Mensch war Victor Frankl.

Victor Frankl, ein Optimist in schwieriger Zeit

Als junger Mann jüdischen Glaubens lebte Victor Frankl in Nazideutschland und wurde mit seiner Familie ins Konzentrationslager deportiert. Frankl erlitt unsägliche Qualen in diesem Lager und erlebte unvorstellbar grausame und entwürdigende Szenen, die Menschen erdulden mussten. Er selbst war Opfer einer persönlichen Tragödie, als seine Frau an den Misshandlungen der Nazis starb. Dennoch wurde Frankl zu einem berühmten Schriftsteller und hochrangigen Gelehrten.

Er schrieb ein Buch über die Geschehnisse im Lager unter dem Titel »Der Mensch vor der Frage nach dem Sinn«. Nach all den schrecklichen Erlebnissen war Frankl immer noch fähig, eine positive Lebenseinstellung einzunehmen. Im Rückblick auf seine Erfahrungen stellte er fest, dass wir nicht steuern können, was uns zustößt, aber wir können immer noch bestimmen, wie wir darauf reagieren. Mit anderen Worten, ganz gleich, wie schlimm uns alles erscheint, wir können immer noch entscheiden, positiv zu reagieren, anstatt uns als Opfer zu fühlen. Frankls positive Einstellung und sein dadurch geprägtes Werk hat Millionen von Menschen geholfen, mit Elend und Leid in ihrem Leben fertig zu werden.

Die nächste Geschichte zeigt, wie die Art unserer Reaktionen auf Zustände und Ereignisse die Qualität unseres Lebens, aber auch unsere Wirkung auf unsere Mitmenschen bestimmt. Die meisten von uns werden hoffentlich nicht die gleichen Probleme und Schwierigkeiten zu meistern haben wie Dwayne Pingston, doch können wir alle aus seiner mutigen, positiven Haltung lernen. Fern aller Feindseligkeit hat er sein Leben wundervoll gestaltet und seinen Mitmenschen viel gegeben.

Ein Autounfall und seine positiven Folgen

Vor zwanzig Jahren erlitt Dwayne Pingston als Teenager einen schrecklichen Autounfall. Die Verletzungen waren so schwer, dass er seine Beine nicht mehr bewegen konnte. Dwayne war ein aktiver junger Mann und ein solcher Schicksalsschlag hätte ihn unter normalen Umständen vollkommen zerstören müssen. Doch dank seiner positiven Einstellung zum Leben beschloss Dwayne, seinen Unfall nicht nur als Tragödie, sondern als Herausforderung zu sehen. Er war fest entschlossen, trotz der Schwere dieses Unglücks das Beste aus seinen verbliebenen Fähigkeiten zu machen und sein Leben so gut wie möglich zu gestalten.

Nach einem solch schrecklichen Schicksalsschlag wäre es nicht verwunderlich gewesen, wenn Dwayne aufgegeben hätte. Er jedoch nahm sich vor, aus dem Desaster herauszufinden, es zumindest zu versuchen. Statt Verbitterung fühlte er Mut und beschloss, anderen Behinderten zu helfen. Er errichtete ein Basketball-Camp für behinderte Kinder und bewies damit jungen Menschen im ganzen Land, dass eine Behinderung nicht bedeutet, dass man keinen Spaß mehr am Leben haben kann. Seit der Gründung des Camps sieht Dwayne, wie die Kinder an Selbstvertrauen gewinnen, und das bedeutet für ihn einen ebenso großen Gewinn wie für die Kinder.

Anderen durch Optimismus zu helfen hat Dwayne weiter Auftrieb gegeben und er ist aktiver denn je. Er spiel Rollstuhl-Basketball, fährt Autorennen mit einem speziell ausgerüsteten Wagen, nimmt an Segelregatten teil und ist ein hervorragender

Schwimmer. Neben seinen sportlichen Betätigungen hat er zwei Jobs und in der geringen Freizeit, die ihm bleibt, restauriert er alte Autos.

Dwayne ist nicht nur ein leuchtendes Beispiel, sondern ein liebenswürdiger, gutmütiger und freundlicher Mann. Er macht sogar Scherze, wenn er sagt, es wäre ab und zu einmal ganz gut, wenn man kein Gefühl in den Beinen hätte, zum Beispiel als er sich beim Rollstuhl-Rugby beide Knöchel gebrochen hatte!

Trotz des schrecklichen Erlebnisses ist Dwayne optimistisch geblieben und denkt an seine Mitmenschen. Auf diese Weise vermittelt er ihnen und sich selbst Lebensfreude.

Positiv im Leben anderer wirken. Wenn wir eine positive Einstellung haben, dann können wir andere Menschen und uns selbst anfeuern und ermutigen. Positive Weltanschauung und Haltung bewirken, dass wir und andere das Beste aus jeder noch so schlimm aussehenden Situation machen. Mit einer negativen Einstellung entziehen wir unseren Mitmenschen die Energie und legen uns und anderen Steine in den Weg.

Gesetz 9
Erkennen Sie die Leistung anderer an

Jedem Menschen sollten Anerkennung und Wertschätzung entgegengebracht werden, denn jeder hat die Gabe, auch anderen etwas zu geben.

Prinzessin Diana von Wales

Es ist sehr wichtig, den Anteil anderer Menschen an unserem Leben anzuerkennen. Wenn wir ihre Leistung bemerken und uns dafür bedanken, fühlen unsere Mitmenschen, dass wir sie achten, und es geht ihnen gut damit. Wenn wir Menschen aufrichtig loben, verstärken wir ihr positives Verhalten uns gegenüber und unterstützen unsere Beziehung zu ihnen. Lob und Anerkennung schaffen sowohl am Arbeitsplatz als auch zu Hause eine angenehme Atmosphäre.

Immer wieder erstellen Forscher Studien über die Gründe von Zufriedenheit und Motivation am Arbeitsplatz. In diesen Studien fällt immer wieder der Unterschied auf zwischen dem, was Angestellte wollen, und dem, was sie nach Meinung ihrer Chefs wollen. Wenn Chefs gefragt werden, was ihre Angestellten motiviert, dann bekommt man am häufigsten Antworten wie gute Bezahlung, ausreichende Freizeit, interessante Arbeit und ein angenehmes Umfeld zu hören. Wenn die Angestellten gefragt werden, nennen sie ebenfalls einige dieser Argumente. Jedoch gibt es eine Äußerung, die nur selten, wenn überhaupt, von den Chefs erkannt wird, und diese steht immer wieder an erster Stelle. Dieser Punkt lautet – Anerkennung für eine gute Leistung.

Fast allen Studien zufolge ist Anerkennung für eine Leistung der wichtigste Faktor für unsere Zufriedenheit im Beruf, ganz gleich, um welche Art von Arbeit es sich handelt. Sicheres Gehalt, Freizeit und andere Annehmlichkeiten sind uns auch wichtig, aber nur wenn wir aufrichtiges Lob für eine gute Leistung erhalten, fühlen wir uns glücklich und erfüllt in unserer Arbeit. Wenn Chefs gute Arbeit anerkennen und ihre Angestellten dafür loben, dann können sie mit einer zufriedenen und motivierten Belegschaft rechnen, die gute Ergebnisse erzielt und die Firma zum Erfolg führt.

Gutes Management bedeutet nicht, das effizienteste System oder die höchsten Löhne zu haben, sondern von unserer inneren Einstellung her zu registrieren, wenn unsere Angestellten gut arbeiten. Wir erreichen gute Leistungen nicht durch Kritik, sondern durch Lob und die Feststellung, dass sie etwas gut gemacht haben.

Ich erinnere mich gut an die Zeit, als ich als sehr junger Mensch in einer Designer-Firma in den Niederlanden mit Büros in der ganzen Welt gearbeitet habe. Jedes Jahr gab es eine Versammlung von den etwa siebenhundert Mitarbeitern der Firma. Bei dieser Gelegenheit mussten ausgewählte Kollegen ein Referat halten über das, was sie im letzten Jahr erreicht hatten und wie das den Kunden geholfen hatte. In einem Jahr wurde ich für eine Ansprache ausgesucht. Ich war sehr nervös, weil ich vor so vielen Menschen über die Projekte reden sollte, an denen ich beteiligt war. Ich übte meine Rede, und als der große Tag kam, ging ich auf das Podium und berichtete eine halbe Stunde lang von meiner Arbeit.

Die Rede kam bei den Zuhörern anscheinend gut an, und als ich fertig war, setzte ich mich erleichtert und glücklich nieder, um auf die nächste Ansprache zu warten. Der Stuhl neben mir war leer, und als ich so meinen Gedanken nachhing, kam einer der Geschäftsführer und setzte sich neben mich. Er legte seinen Arm um meine Schulter und flüsterte mir ins Ohr: »Dr. Jordan«, sagte er, »das war eine ausgezeichnete Ansprache. Ich war sehr beeindruckt, weil sie das Vertrauen und die Bewunderung unserer Firma für Sie bestätigt.«

Diese Worte waren von großem Wert für mich und sie sind es heute noch. Sie kosteten die Firma oder die Geschäftsleitung nichts, doch ich fühlte mich großartig und sehr motiviert, das Beste für meine Arbeitgeber zu tun. Sie bedeuteten mir wesentlich mehr als eine finanzielle Belohnung oder andere Zuwendungen. Ich bewunderte und ich bewundere noch heute meinen Chef, weil er die Bedeutung dieser Worte zu jener Zeit erkannt hatte. Ich fühlte mich durch sie wie ein König und meine Loyalität und mein Engagement für ihn und die Firma waren erheblich gewachsen. Ich habe dann noch viele schöne und erfolgreiche Jahre dort verbracht und dabei nie vergessen, wie sehr ich geschätzt wurde.

Natürlich hält nicht jeder von uns eine Rede vor einem großen Publikum. Und doch gibt es viele Gelegenheiten, um unseren Angestellten und Mitarbeitern mitzuteilen, dass wir sie schätzen. Vielleicht hat einer noch spät am Abend einen Bericht fertig gestellt, vielleicht hat uns einer vertreten, als wir krank waren, und vielleicht hat einer eine Dienstreise hervorragend für uns organisiert.

Wenn wir dieses Verhalten aus vollem Herzen dankbar anerkennen, dann unterstützen wir es. Mit anderen Worten, wenn Menschen zufrieden und motiviert sind durch unser Lob, dann werden sie sich auch weiterhin so verhalten.

Das gleiche Prinzip gilt für unser Privatleben. Wenn unser Partner oder unsere Freunde uns für etwas loben, fühlen wir uns gut und wir wissen, dass wir geschätzt werden und unser Einsatz nicht einfach so hingenommen wird. Genau wie am Arbeitsplatz neigen wir leicht dazu, uns auf das zu konzentrieren, was unsere Freunde und vor allem unsere Partner falsch machen. Statt unserem Ehepartner zu danken, wenn er den Müll hinausträgt, werden wir eher ärgerlich, wenn er es einmal vergisst. Statt unsere Dankbarkeit für ein hervorragendes Essen auszudrücken, streiten wir lieber, wer den Abwasch machen soll.

Wenn wir unsere Partner nicht mehr loben und mit Komplimenten sparen, dann wird unsere Beziehung oft von kleinlichen Beschuldigungen überschattet. Wenn auch kleine Streitereien nicht so schwerwiegend scheinen, können sie doch dazu führen, dass sich die Atmosphäre in der Beziehung verschlechtert. Statt bei unseren Partnern Lob und Bestätigung zu finden, sehen wir nur Kritik und negative Äußerungen. Dann fühlen wir uns miteinander nicht wohl und untergraben unsere Beziehung.

Auch in der Beziehung zu unseren Eltern versäumen wir oft die Dankbarkeit, die wir ihnen eigentlich schulden. Es ist ziemlich einfach, bei unseren Eltern Schuld zu suchen und unsere Probleme der schlechten Erziehung zuzuschreiben. Wenn wir aber erfolgreich sind, wollen wir das lieber uns selbst zu verdanken haben!

Wir sollten unbedingt anerkennen, was unsere Eltern für uns getan haben, ihnen für ihre Liebe danken und ihr Verdienst für unseren Erfolg und alles Gute in unserem Leben achten. Manchmal erliegen wir der Versuchung, Geschehnisse während unserer Kindheit als schädlich für uns einzustufen. Dafür beschuldigen wir dann unsere Eltern – tatsächlich gibt es zu diesem Thema eine ganze Reihe von Büchern, die uns darin unterstützen. Selbstverständlich werden Kinder manchmal schrecklich behandelt. Doch die meisten von uns sind von ihren Eltern geliebt worden, sie haben vielleicht eine Menge Fehler, aber auch vieles richtig gemacht. Statt sich immer wieder auf das Schlechte zu konzentrieren, sollten wir uns an die guten Zeiten in unserer Kindheit erinnern und an die Unterstützung, die wir von unseren Eltern erhalten haben. Vielleicht sollten wir das nächste Mal mit ihnen darüber sprechen und ihnen sagen, was uns das bedeutet und wie positiv sich ihr Einfluss auf unser Leben ausgewirkt hat.

Wenn Lob ein fester Bestandteil unserer Beziehung wird, verändert sich alles. Negative Gefühle schwinden und werden ersetzt durch positive Energie. Wenn wir das Gute, das andere tun, hervorheben und belohnen, entsteht eine liebevolle und positive Stimmung, in der sich alle, wir eingeschlossen, als besondere und geliebte Menschen fühlen.

Die folgende Geschichte zeigt, dass wir genau hinsehen müssen, um zu bemerken, was für eine Art von Feedback wir unseren Mitmenschen geben. Die Botschaft, die beim Partner oder Mitarbeiter ankommt, kann eine ganz andere sein als die, die wir zu senden glauben.

Die Weihnachtsfeier

Pete war seit einigen Monaten Abteilungsleiter in einer Marketingfirma. Seine Abteilung umfasste mehrere Mitarbeiter, darunter ein paar Vollzeitkräfte und zwei Praktikanten.

Jede Woche gab es eine Sitzung, in der alle über den Stand ihrer aktuellen Projekte berichteten und Probleme zur Sprache kamen, die sich im Laufe der Woche ergeben hatten. Immer wenn ein Projekt sehr gut gelungen war, lobte Pete »seine Mannschaft« und bedankte sich für den großen Einsatz. Daneben gab es noch Einzelbesprechungen, die Pete nutzte, um ausführlicher mit den einzelnen Mitarbeitern über ihre Projekte zu sprechen.

Die Stimmung im Team war zunächst sehr gut. Doch nach einigen Monaten hatte Pete immer stärker das Gefühl, dass etwas nicht stimmte. Die Mitarbeiter schienen nicht mehr voller Elan bei der Arbeit zu sein und sie rissen sich auch nicht gerade um neue Aufgaben. In der Team-Sitzung erhielt Pete kein Feedback zu diesem Problem – er wusste aber auch nicht, wie er es direkt ansprechen sollte, ohne seine Mitarbeiter zu brüskieren.

Schließlich fasste sich eine der Praktikantinnen, Susan, ein Herz. Sie bat um eine Unterredung unter vier Augen. Susan druckste zunächst herum, aber beschrieb Pete dann, dass ihre Kollegen ziemlich frustriert seien und das Gefühl hatten, er würde ihre Arbeit nicht zu schätzen wissen.

Den Mitarbeitern fiel negativ auf, dass sich Pete in den Einzelbesprechungen nur für das jeweilige Projekt interessiert hatte und nicht für den daran arbeitenden Menschen, also ganz bei der Sache geblieben war. Pete fiel aus allen Wolken. Er hatte nicht bemerkt, dass er in diesen Gesprächen unter vier Augen nicht ein einziges Mal gelobt hatte!

Die Mitarbeiter erhielten immer nur das an die allgemeine Runde gerichtete Lob in der Team-Sitzung, das er nach großen Projekten vergab. Hatte eine Mitarbeiterin oder ein Mitarbeiter aber ein kleineres Projekt in Eigenregie zu einem sehr guten Ausgang geführt, bekamen sie keine Anerkennung für ihren Erfolg.

Bewusst geworden war dies Petes Mitarbeitern auf der Weihnachtsfeier, die inzwischen etliche Wochen zurücklag. Durch Petes gute Bewertung hatten die Mitarbeiter zwar einen finanziellen Bonus erhalten, aber er hatte die Gelegenheit der Feier nicht genutzt, um sich bei jedem Einzelnen zu bedanken oder besondere Verdienste hervorzuheben. Durch seine Fokussierung auf »die Sache«, das jeweilige Projekt, hatte Pete seine Beziehung zu den Mitarbeitern aus den Augen verloren. Auch wenn sie ihn als Vorgesetzten schätzten, ließ ihre Motivation ohne Anerkennung nach.

Die Leistung anderer anerkennen. Anerkennung für eine Leistung ist eine der stärksten Gründe für positive Motivation. Wenn wir uns auf das konzentrieren, was andere falsch machen, statt zu sehen, was sie richtig machen, dann beschädigen wir ihr Selbstvertrauen und sie werden eher negativ auf uns reagieren. Wenn wir ihnen dagegen aufrichtiges Lob erteilen, dann fühlen sich die Menschen wohl und schätzen uns, was ihr positives Verhalten noch verstärkt.

Gesetz 10
Vergeben Sie Ihren Mitmenschen

Der alte Grundsatz »Auge um Auge« macht schließlich alle blind.

MARTIN LUTHER KING

Jeder von uns fühlt sich manchmal von anderen schlecht behandelt. Es gibt vielleicht Menschen, die uns absichtlich ärgern oder verletzen, während andere uns durch Gedankenlosigkeit oder Unaufmerksamkeit aus der Fassung bringen.

Wenn wir anderen vergeben, dann unterscheiden wir zwischen ihrem Wert als Menschen und ihrem Verhalten in einer bestimmten Situation. Von den zehn Gesetzen in diesem Buch wird dieses wohl am schwersten zu befolgen sein. Wenn unser Partner uns betrogen oder unser Chef uns gedemütigt hat oder wenn unsere Eltern uns ablehnen, könnten wir diese Menschen leicht als »schlecht« bezeichnen. Unbarmherzigkeit kann verlockend sein, denn es kann uns manchmal Befriedigung verschaffen, wenn wir einen Menschen als »schlecht«, »unvernünftig« oder »unmoralisch« verurteilen. Wir fühlen uns moralisch einwandfrei und wir brauchen uns nicht mit dem anderen zu versöhnen. Im äußersten Fall können wir durch unsere Unversöhnlichkeit den Menschen als wertlos einstufen und ihm Respekt und Würde absprechen. Jedoch kann diese Einstellung sehr schnell zu Destruktivität, Bitterkeit und Ressentiments führen und unsere Beziehungen verderben. Wir müssen unbedingt ein Leben im Geiste der Vergebung führen, denn das bringt anderen und uns Segen.

Wenn wir anderen gegenüber Rachegefühle hegen, schadet das nicht nur ihnen, sondern es nimmt auch uns viel Zeit und Energie.

Nehmen wir zum Beispiel einmal an, dass einer unserer Kollegen hinter unserem Rücken schlecht über uns spricht. Wir könnten uns hinsetzen und an viele Arten der Rache denken. Vielleicht könnten wir auch E-Mails versenden, in denen wir seine Arbeit kritisieren, oder wir könnten Klatsch und Tratsch über ihn verbreiten.

Vielleicht fühlen wir uns dann kurzfristig besser, aber es ist Verschwendung von Energie, die wir anderswo besser verwenden könnten. Häufig wird eine Menge Energie und Kreativität verschwendet für Fantasien, wie man sich an Menschen rächen kann – Energie und Kreativität, die wir konstruktiv einsetzen könnten, um im Beruf und anderen Bereichen unseres Lebens weiterzukommen.

Viele von uns kennen sicherlich Familien, die auseinander gerissen wurden, weil ein Familienmitglied unfähig oder unwillig war, einem anderen wegen einer Kränkung oder einer Ungerechtigkeit zu verzeihen. Vielleicht hat es einen Streit gegeben, wenn das Vermögen eines anderen aufgeteilt wurde, vielleicht wurde ein Kind von der Schule geworfen oder hat Drogen genommen, vielleicht hat ein Elternteil uns als Kind schlecht behandelt. Diese Art von Problemen können der Grund für Wut, Missgunst und negative Gefühle sein. Ohne Bereitschaft zur Vergebung kann das zu ewigen Fehden führen, die familiäre Beziehungen vergiften und allen das Leben schwer machen.

Um solche Wunden zu heilen, müssen wir bereit sein, der Person, die uns gekränkt hat, zu vergeben. Wir müssen im Geiste der Versöhnung unserem Bruder, Schwester, Elternteil oder Kind die Hand reichen. Wir sollten ihnen mitteilen, dass wir verletzt sind, und vielleicht auch, dass wir ihr Verhalten unannehmbar finden, doch dass wir sie lieben und dass wir die Beziehung zu ihnen wiederherstellen möchten.

Wenn wir in Situationen wie diesen nicht verzeihen können, führt das für ein ganzes Leben zu schmerzlichen und tragischen Konsequenzen. Unsere Lebensqualität wird beeinflusst durch unsere Fähigkeit, kleine, alltägliche Untaten zu vergeben, die wir erleiden.

Stellen wir uns vor, dass jemand unseren Wagen gefährlich schneidet, wenn wir am Steuer sitzen. Wie reagieren wir? Wir können wütend werden, unseren Blutdruck hoch jagen, unsere Qualität als Autofahrer herabsetzen und andere Verkehrsteilnehmer in Gefahr bringen. Wir können sogar noch weiter gehen und uns an dem Fahrer rächen, indem wir gefährlich dicht an ihn heranfahren oder ihn bei nächster Gelegenheit ebenso schneiden und damit ihn, uns und andere Verkehrsteilnehmer durch unsere Rücksichtslosigkeit gefährden. Oder wir vergeben ihm, nehmen seine Tat nicht persönlich und konzentrieren uns auf eine sichere und verantwortungsvolle Fahrweise.

Manchmal wissen wir nicht, warum jemand sich unangenehm und unsozial verhält, und wenn das der Fall ist, wäre es besser, die Person erst einmal anzuhören, statt ihr Schuld zuzuweisen. Stellen wir uns vor, dass wir eine Verabredung mit jemandem haben, dieser zu spät kommt und uns warten lässt. Wie wir mit dieser Situation umgehen, hängt davon ab, wie wir den Vorfall beurteilen und welchen Grund wir für sein Verhalten unterstellen. Wenn wir zu uns sagen: »Oh, dieser Mensch ist wirklich grässlich. Wie kann er nur so egoistisch und rücksichtslos sein, mich warten zu lassen«, dann sind wir wahrscheinlich wütend und frustriert und hassen diesen Menschen. Wenn wir jedoch zu uns sagen: »Ich hoffe, er hat sich nicht allzu sehr verfahren. Es muss wirklich sehr ärgerlich sein, wenn man so herumfährt und den richtigen Weg sucht«, dann sind wir nicht so aufgebracht und können dem anderen leichter verzeihen.

Natürlich ist es möglich, dass die gewisse Person vergesslich war oder ohne gute Gründe zu spät losgefahren ist, doch warum sollte man das Schlechteste annehmen, bevor man es nicht anders weiß? Sogar wenn wir erfahren, dass der andere uns aus Faulheit oder Unfähigkeit gekränkt hat, sollten wir es dennoch nicht persönlich nehmen. Sein unsoziales Verhalten ist sicherlich auf lange Sicht eher ein Problem für den anderen als für uns. Wenn wir das einmal begriffen haben, dann können wir Verärgerung durch Mitgefühl ersetzen und unsere unguten Gefühle ablegen. Warum kostbare Energie für Wut und Ärger verschwenden? Vergebung belebt und schafft einen klaren Kopf.

Die nächste Geschichte handelt von der Macht der Vergebung zu einer Zeit, als die Wunden des amerikanischen Bürgerkrieges noch schmerzten. Wir sehen, wie sich die Entscheidung eines Mannes zur Vergebung heilsam auf die Nation auswirkte und sein Leben von Niederlage in Sieg verwandelte.

Sieg nach dem Krieg

Nach der Niederlage am Ende des amerikanischen Bürgerkrieges kehrte der Anführer der Südarmee, General Robert E. Lee, in seine Heimatstadt zurück und musste feststellen, dass sein Haus von den Soldaten der Nordarmee abgebrannt worden war. Während viele Menschen in seiner Lage verbittert und wütend gewesen wären, hat Lee verzeihen können.

Ein paar Wochen nach Unterzeichnung der Kapitulation, war Lee in der Kirche. Der Pfarrer sprach in seiner Predigt von einem zukünftigen Angriff auf den Norden. Nach dem Gottesdienst sprach Lee den Pfarrer an. »Ich habe in der Bibel gelesen, dass man seine Feinde lieben muss.« Der Pfarrer war erstaunt, dass der Anführer der Südarmee solch eine Haltung einnahm. »Und das höre ich von Ihnen?«, fragte er. Der General antwortete: »Ich habe gegen die Union gekämpft, aber ich hatte niemals rachsüchtige Gefühle gegen sie. Ich habe jeden Tag für sie gebetet.«

Statt den Rest seines Lebens in lähmender Verbitterung und Hass über die Taten seiner Feinde zu verbringen, führte Lee ein erfülltes und produktives Leben, war eine der treibenden Kräfte für den Aufbau von Amerika und der Vorsitzende des Washington College in Virginia. Eines Tages hörte Lee die Mutter eines Studenten abfällig über den Norden sprechen. Lee nahm sie beiseite und sagte zu ihr: »Erziehen Sie Ihren Sohn nicht im Hass auf die Vereinigten Staaten. Denken Sie daran, dass wir alle jetzt zu einem Land gehören. Wir sollten alle lokalen Feindseligkeiten aufgeben und unsere Söhne zu Amerikanern erziehen.«

Lees Fähigkeit zu Liebe und Respekt sogar zu denen, die einmal erbitterte Feinde gewesen waren, hat ihm in den späteren Jahren die Kraft zur Versöhnung gegeben. Statt Hass und Rache als Vermächtnis zu hinterlassen, verhalf Lee seinen Mitmenschen zur Hoffnung auf die Zukunft nach einer höchst traumatischen Zeit in der amerikanischen Geschichte. Statt sein Leben als verbitterter, besiegter Mann zu führen, hat ihn sein Entschluss zur Vergebung zu einer großen Persönlichkeit gemacht, an die man sich noch heute erinnert.

Seinen Mitmenschen vergeben. Unversöhnlichkeit kann unsere Beziehungen zerbrechen, unsere Energie schwächen und uns bitter und wütend machen. Wenn wir vergeben, heilen die Zerwürfnisse und die belastenden Gedanken und Gefühle gegenüber denjenigen, die uns geschadet haben, schwinden. Versöhnlichkeit ist eine mächtige Kraft, die uns und den Unseren Stärke und Hoffnung verleiht.

Leben nach den Gesetzen der Goldenen Regel

Drei Dinge sind im Leben eines Menschen wichtig.
Erstens: Menschlichkeit. Zweitens: Menschlichkeit.
Und drittens: Menschlichkeit.

HENRY JAMES

Wenn wir nach den Gesetzen der Goldenen Regel leben, werden wir mit einem schönen, erfüllten und reichen Leben belohnt. Wir werden auf das Leben anderer kraftvoll und positiv einwirken und sowohl im Beruf als auch im Privatleben großen Erfolg haben.

In den vorangegangenen Kapiteln haben wir an vielen eindrucksvollen, dramatischen Beispielen gesehen, wie das Leben von Menschen entweder durch die Befolgung oder durch die Vernachlässigung der Goldenen Regel beeinflusst wurde. In unserem Leben werden gelegentlich spektakuläre Ereignisse geschehen, doch es ist viel wahrscheinlicher, dass es nur weniger oder weitaus weniger sein werden. Natürlich ist es lebenswichtig, die Goldene Regel bei wichtigen Vorfällen und Entscheidungen zu beachten, doch ebenso soll man sie im Kleinen anwenden – im alltäglichen Leben.

In diesem Kapitel finden Sie ein paar Beispiele für die Anwendung der Goldenen Regel im Alltag. Wir beschäftigen uns mit einigen alltäglichen Vorfällen, die zunächst gering erscheinen, doch einen bedeutenden Einfluss auf unser Leben und das unserer Mitmenschen haben können.

In vielen Situationen reagieren wir vielleicht übereilt. Zum Beispiel könnten wir in Versuchung geraten, selbstsüchtig, aggressiv oder unehrlich zu handeln. Doch wenn wir nach der Goldenen Regel leben möchten, dann nehmen wir uns Zeit, um die richtige Entscheidung zu treffen, und vermeiden so die instinktive, aber falsche Reaktion.

Betrachten wir einige Situationen, die vielleicht im Laufe unseres alltäglichen Lebens eintreffen, und achten wir auf die wahrscheinlichen Konsequenzen von instinktiver Reaktion oder Goldener Regel. Vielleicht ist es verlockend, instinktiv zu reagieren, aber wir werden sehen, dass die Anwendung der Goldenen Regel für uns und unsere Mitmenschen bessere Ergebnisse bringt.

Stellen Sie sich vor, Sie wurden von Ihrem Chef regelrecht geknechtet. Er hat Ihre Leistungen nicht anerkannt, hat sich bei offiziellen Auftritten mit Ihren Federn geschmückt und falsche Entscheidungen Ihnen in die Schuhe geschoben. Nach etlichen frustrierenden Monaten kündigen Sie und wechseln in eine neue Firma, in der Sie schnell zum Abteilungsleiter aufsteigen. Im Laufe der Zeit ergibt es sich, dass Ihre Firma eine Kooperation mit der alten eingeht oder es sogar zu einer Fusion kommt. Durch Ihre Position in der neuen Firma könnten Sie Ihrem alten Chef jetzt heimzahlen, dass er sich Ihnen gegenüber so unfair verhalten hat. Sie könnten ihn boykottieren oder ihm zumindest das Leben ausgesprochen schwer machen. Wenden wir jedoch die Gesetze der Goldenen Regel an, ist Vergebung unsere erste Pflicht. Wenn Sie Ihrem ehemaligen Chef vergeben und mit ihm und der alten Firma so gut zusammenarbeiten, wie es Ihnen möglich ist, wird der Erfolg für die beiden Firmen und Sie sehr viel größer sein! Denn wenn Sie sich in einen Kleinkrieg mit dem alten Chef verstricken, bringen Sie nicht Ihr ganzes Potenzial in die gemeinsamen Projekte ein, die Ihren Input dringend benötigen. Sie binden Energien und Zeit und schmälern damit Ihren Erfolg und auch den Ihrer neuen Firma.

Auch das Gesetz der Fairness würde hier passen. Wie verärgert wir auch sein mögen, haben wir das Recht, mit unseren Taten die Zukunft unserer Firma zu gefährden? Natürlich nicht. Schließlich möchten wir auch nicht, dass andere durch ihr rücksichtsloses Verhalten unsere berufliche Laufbahn aufs Spiel setzen, und daher sollten wir es dann auch nicht tun. Wenn wir uns nach den Gesetzen der

Goldenen Regel richten und auf instinktive Reaktionen verzichten, haben wir dazu beigetragen, eine angenehmere Atmosphäre in unserer Firma zu schaffen.

Und wie wirkt sich die Befolgung der Goldenen Regel auf unsere sonstigen Beziehungen am Arbeitsplatz aus? Stellen Sie sich zum Beispiel vor, Sie und Ihre Mitarbeiter sollen Ihrem Chef eine wichtige Arbeit präsentieren. Er ist über unsere Leistung begeistert. Instinktiv könnten wir versuchen, die gesamte Anerkennung auf uns zu ziehen, indem wir unseren Beitrag extra betonen und die Leistung unserer Mitarbeiter herunterspielen.

Kurzfristig mag uns das nützen, aber wenn die anderen hören, dass der Chef nur uns lobt, werden sie verstimmt sein und die Beziehung zu ihnen ist verdorben. Vielleicht stellen sie uns offen zur Rede und geben anderen unsere Verlogenheit bekannt oder sie beschließen bei künftigen Gelegenheiten, sich genauso zu verhalten und wichtige Leistungen von uns nicht mehr zu erwähnen.

Wenn wir jedoch nach den Gesetzen der Goldenen Regel leben, aufrichtig und fair handeln und die Leistung anderer anerkennen, dann werden sie sich dafür revanchieren. Die Beziehung zu unseren Mitarbeitern wird besser und es besteht die Chance, dass unser Beitrag zu einer Arbeit, die sie vorstellen, auch gewürdigt wird. Unser berufliches Umfeld wird für uns und für sie angenehmer und jeder bekommt die Anerkennung und den Lohn, den er verdient.

Natürlich verläuft in unserer beruflichen Karriere nicht immer alles glatt. Wir oder unsere Mitarbeiter mögen Fehler machen, unsere Arbeit mag dem geforderten Standard nicht entsprechen oder wir bekommen nicht die erhoffte Beförderung. Unter solchen Umständen sind wir vielleicht frustriert, pessimistisch oder gar depressiv, wir kritisieren die anderen, beklagen uns und suchen nach Entschuldigungen, warum die Dinge nicht so gelaufen sind, wie wir es wünschten.

Wenn wir so reagieren, verderben wir die Atmosphäre, ziehen unseren Mitarbeitern die Energie ab und werden zur negativen Figur am Arbeitsplatz. Wahrscheinlich leidet unsere Arbeit und die Arbeit der Kollegen darunter und wir geraten in einen Abwärtsstrudel von negativen Impulsen.

Nach den Gesetzen der Goldenen Regel sollen wir auch auf eine solche Situation positiv reagieren. Statt Rückschläge als Katastrophe zu bewerten, sollten wir sie als Herausforderung betrachten und sollten erkennen, dass wir aus dem Geschehenen lernen können, und entschlossen sein, das nächste Mal alles besser zu machen. Wenn wir so handeln, dann vermitteln wir uns und unseren Kollegen neue Energien. Statt eine negative Figur zu sein, werden wir zu einem Menschen, der andere begeistert, unsere positive Energie geht auf unsere Kollegen über und unser Arbeitsumfeld strahlt Freude und Dynamik aus.

So wie die Goldene Regel sich auf Erfolg und Zufriedenheit im Beruf auswirkt, so ist sie auch der Schlüssel für das Glück zu Hause und in der Beziehung zu unseren Lieben. Häufig ist die Quelle für unglückliche persönliche Beziehungen der Mangel an Einfühlungsvermögen und ein Mangel an Respekt vor den Ansichten des anderen. Nehmen wir zum Beispiel an, dass unsere Partnerin nach unserer Ansicht zu viel Zeit mit ihren Freundinnen verbringt, dass sie uns nicht genügend Zeit widmet und den Haushalt vernachlässigt. Instinktiv würden wir vielleicht Kritik üben oder versuchen, Schuldgefühle bei ihr zu verursachen. Wenn wir uns der Sache so nähern, bringen wir sie gegen uns auf und es entwickeln sich viele ungute Gefühle auf beiden Seiten.

Wenn wir die Situation nach den Gesetzen der Goldenen Regel angehen, dann respektieren wir ihre Wünsche und ihr Recht, mit Freunden zusammen zu sein. Vielleicht sagen wir ihr, wie sehr wir sie lieben und dass wir verstehen, wenn sie sich mit ihren Freundinnen treffen will, aber dass wir uns vernachlässigt fühlen und sehr froh wären, wenn sie häufiger zu Hause wäre.

Wenn wir uns ihr respektvoll und sensibel nähern, dann ermutigen wir sie, sich uns zu öffnen und ihre Gefühle mit uns zu teilen. Vielleicht ist sie über irgendeinen Aspekt der Beziehung unglücklich. Vielleicht möchte sie gern mehr Zeit mit uns verbringen, findet aber, dass wir zu wenig mit ihr ausgehen und etwas unternehmen. Vielleicht aber meint sie, dass die Beziehung vollkommen in Ordnung ist und sie hat einfach nicht bemerkt, dass wir uns über ihre Aktivitäten geärgert haben.

Wie auch immer, je einfühlsamer und respektvoller wir an das Gespräch herangehen, desto effektiver wird es für die Beziehung sein. Wir werden erfahren, ob es ein Problem gibt, und wir können mit unserer Partnerin an der Verbesserung der Situation arbeiten.

Nach der Goldenen Regel zu leben heißt nicht nur, auf Situationen zu reagieren, die sowieso eintreten, sondern sich aktiv um andere Menschen zu kümmern, um ihnen zu helfen. Stellen Sie sich zum Beispiel vor, dass in der Nachbarschaft eine neue Familie eingezogen ist. Instinktiv möchten wir uns vielleicht lieber um unsere eigenen Angelegenheiten kümmern und sie sich selbst überlassen. Nach den Gesetzen der Goldenen Regel wäre das eine Situation, die uns die Gelegenheit gibt, uns ihnen zuzuwenden und ihnen die Hand entgegenzustrecken.

Wir könnten zu ihnen gehen, uns vorstellen und sie als Nachbarn willkommen heißen. Wir könnten ihnen Hilfe beim Einzug anbieten oder sie an unserer Kenntnis der Umgebung teilhaben lassen. Für viele Menschen ist ein Umzug mit großem Stress verbunden. Wenn wir über uns hinauswachsen und diese Menschen herzlich begrüßen, dann wird die ganze Aktion viel angenehmer für sie.

Unsere Taten kommen auch uns zugute. Wenn wir unseren Nachbarn helfen, dann werden wir besser mit ihnen auskommen und finden vielleicht neue Freunde in unserer Umgebung. Wenn wir inmitten von Menschen leben, die wir gut kennen und mögen, ist das viel angenehmer und ruhiger, als wenn wir anonym in einer Umgebung von Unbekannten wohnen.

Sicherlich wird es immer wieder Zeiten geben, in denen wir ein Leben nach den Gesetzen der Goldenen Regel führen und die Dinge sich trotzdem nicht so entwickeln, wie wir es wünschen. Nach den Gesetzen der Goldenen Regel zu leben ist richtig und es ist das Beste, was wir tun können, doch wie alle anderen Regeln des Lebens können sie nicht Erfolg zu jeder Zeit *garantieren*.

Wie sehr wir uns auch bemühen, mit unseren Nachbarn, Mitarbeitern oder unserer Familie auszukommen, es wird immer wieder Menschen geben, mit denen es einfach nicht funktioniert, und andere, die uns schlecht behandeln oder die versuchen, uns zu übervorteilen.

Nach der Goldenen Regel zu leben, bedeutet anständig zu sein und zu versuchen, in jeder einzelnen Situation, das Richtige zu tun. Es bedeutet aber nicht, dass andere uns schlecht behandeln oder uns übervorteilen dürfen. Wenn uns jemand schlecht behandelt, sollten wir ihm klar und bestimmt zu verstehen geben, dass wir sein Verhalten nicht akzeptieren und wir es nicht dulden werden. Die Gesetze der Goldenen Regel enthalten Fairness und Aufrichtigkeit und das zeigen wir, wenn wir unser Recht auf eine gute Behandlung einfordern.

Ist die Goldene Regel selbst auch einfach und geradlinig, so ist das Leben nach der Regel nicht immer leicht. Vielleicht finden wir, dass die Gesetze schwer zu befolgen sind, vor allem am Anfang, wenn wir noch nicht an diese Art von Leben gewöhnt sind. Doch auch wenn wir am Anfang Schwierigkeiten haben, uns nach den Gesetzen zu richten, so sollten wir nicht aufgeben. Nach den Gesetzen leben lernen ist wie einen Muskel trainieren. Je mehr wir ihn beanspruchen, desto stärker wird er. Wir werden finden, dass wir in der Anfangsphase zu kämpfen haben. Doch nach einer Weile gewöhnen wir uns an die Einhaltung der Gesetze und dann kommt eine Zeit, in der sie zum wichtigsten Bestandteil unseres Lebens gehören. Wenn das eintritt, dann wird die Einhaltung der Goldenen Regel viel einfacher – fast wie eine zweite Natur.

Natürlich werden wir, ganz gleich wie geübt wir in der Einhaltung der Goldenen Regel sind, diese ab und zu brechen. Vielleicht fühlen wir uns dann entmutigt, schuldig und als Versager. Wenn das passiert, dann müssen wir uns selbst verzeihen, weitermachen und uns selbst versprechen, dass wir es wieder probieren und es das nächste Mal besser machen werden. Doch wir sollten jederzeit daran denken, dass wir nur Menschen sind. Natürlich werden wir immer wieder sündigen! Wir sollten aus unseren Verfehlungen lernen, doch sollten wir nicht auf ihnen sitzen bleiben und zulassen, dass sie uns herabziehen. So warmherzig und nachgiebig, wie wir zu anderen sind, so sollten wir auch uns selbst gegenüber sein. Was wir lernen, wenn wir straucheln oder versagen, kann uns nur stärker machen, so dass wir ein noch kraftvolleres, erfolgreicheres Leben führen können.

Wir haben an vielen Beispielen in diesem Buch von Menschen erfahren, die ihr Leben und das Leben ihrer Mitmenschen aufgewertet haben, indem sie nach der Goldenen Regel lebten. Wir haben gesehen, wie gültig und nützlich diese Regel im täglichen Leben ist. Jetzt am Ende dieses Buches stehen Sie am Anfang Ihrer Reise. Es ist eine Reise in eine herrliche Zukunft, in der Sie Ihr Leben voll auskosten können. Eine Reise voller Liebe, Respekt, Würde und Erfolg. Eine Reise, die Ihr Leben verändern und das Leben all derer beeinflussen wird, die Ihren Weg kreuzen. Diese Reise wird ein ganzes Leben lang dauern, doch Sie werden immer stärker und glücklicher, bis Sie eines Tages auf das Erreichte zurückblicken und aufrichtig zu sich sagen können: »Ich habe das Beste aus mir gemacht.«

Die Goldene Regel im Lauf der Jahrhunderte

Bereits in der Antike war die Goldene Regel sehr bekannt und sie hat bis heute nichts von ihrer Aussagekraft eingebüßt. Sie gilt für jeden Menschen dieser Welt, egal welcher Glaubensrichtung oder welchem Volk er angehört, denn sie erinnert uns daran, dass alle Menschen gleichwertig sind.

Was dir selbst verhasst ist, das mute auch einem anderen nicht zu!

ALTES TESTAMENT *(Tob 4,15)*

Alles, was ihr also von anderen erwartet, das tut auch ihnen!

JESUS *(Mt 7,12)*

Was ihr von anderen erwartet, das tut ebenso auch ihnen. JESUS *(Lk 6,31)*

Was du nicht willst, das man dir tu', das füg' auch keinem andern zu.

DEUTSCHES SPRICHWORT

Was du selbst nicht wünscht, das tue auch nicht anderen Menschen an.

KONFUZIUS

Tue nicht anderen, was du selbst nicht erdulden möchtest. RABBI HILLEL

Keiner von Euch ist ein Gläubiger, solange er nicht seinem Bruder wünscht, was er sich selber wünscht. AUS DEM ISLAM

Gleichgültig gegenüber weltlichen Dingen sollte der Mensch wandeln und alle Geschöpfe in der Welt behandeln, wie er selber behandelt sein möchte.

AUS DEM JAINISMUS

Man sollte sich gegenüber anderen nicht in einer Weise benehmen, die für einen selbst unangenehm ist, das ist das Wesen der Moral.

AUS DEM HINDUISMUS

Der kategorische Imperativ ist also nur ein einziger, und zwar dieser: Handle nur nach derjenigen Maxime, durch die du zugleich wollen kannst, dass sie allgemeines Gesetz werde.

IMMANUEL KANT

Befolge grundsätzlich die folgenden drei Regeln: Denke (weil große Liebe und große Ziele große Risiken in sich bergen) an Respekt für dich selbst, Respekt für andere und Respekt (Verantwortung) für alle deine Handlungen.

DALAI LAMA